KB173699

# 기획자의
# SQL

# 기획자의 SQL: 데이터에는 내러티브가 있다

**초판 1쇄 발행** 2024년 6월 20일 **지은이** 조은성 **펴낸이** 한기성 **펴낸곳** (주)도서출판인사이트 **편집** 나수지 **영업마케팅** 김진불 **제작·관리** 이유현 **용지** 유피에스 **인쇄·제본** 천광인쇄사 **등록번호** 제2002-000049호 **등록일자** 2002년 2월 19일 **주소** 서울특별시 마포구 연남로5길 19-5 **전화** 02-322-5143 **팩스** 02-3143-5579 **이메일** insight@insightbook.co.kr **ISBN** 978-89-6626-442-1 책값은 뒤표지에 있습니다. 잘못 만들어진 책은 바꾸어 드립니다. 이 책의 정오표는 https://blog.insightbook.co.kr에서 확인하실 수 있습니다.

Copyright ⓒ 2024 조은성, (주)도서출판인사이트
이 책 내용의 일부 또는 전부를 재사용하려면 반드시 저작권자와 (주)도서출판인사이트 양측의 서면에 의한 동의를 얻어야 합니다.

프로그래밍 인사이트

# 기획자의 SQL

## 데이터에는 내러티브가 있다

조은성 지음

인사이트

# 차례

## 04   여러 가지 데이터를 원하는 대로 합쳐 보자    111

## 05 나가며 167

# 프롤로그

데이터에서 의미를 찾는 사람을 위한 SQL 책

: 개발자의 언어에서 모두를 위한 언어로

데이터의 시대가 왔다고 한 지 꽤 긴 시간이 지났지만, 여전히 데이터를 다루는 기술인 SQL 학습은 제한적으로 이루어지고 있다. 데이터를 다루는 기술 중 기본이라고 할 수 있는 SQL은 지금껏 개발자의 전유물로 여겨졌기 때문이다. 지금까지 SQL을 통해 데이터에 접근할 수 있는 권한은 주로 개발자에게만 주어졌고, 비개발자가 이러한 기술을 접할 기회는 제한적이었다.

그러나 이제는 현장에서 기획자, 마케터, 일반 사무직에 이르기까지 많은 직장인이 데이터를 봐야 하는 상황이다. 여러 기업에서도 데이터를 비즈니스에 활용하는 역량의 중요성을 점차 깨닫고, 데이터를 다루는 역량을 갖춘 사람을 채용하고자 한다. 이러한 현상의 중심에는 SQL이 있다. 기업의 데이터는 데이터 저장소인 데이터베이스에 저장되어 있고, 이를 꺼내어 보는 데 필요한 프로그래밍 언어가 SQL이기 때문이다. 기업의 데이터를 다루는 가장 기본적인 언어 SQL은 더 이상 개발자만의 언어가 아닌 데이터 시대를 살아가는 직장인의 생존 언어이자 무기가 되었다.

이미 현업에서 데이터를 적극적으로 다루는 재직자뿐만 아니라 데이터 관련 커리어를 준비하는 취업 준비생까지 SQL을 학습하려는 사람은 점점 더 많아지고 있는 반면, SQL과 관련된 학습 콘텐츠는 여전히 개발자의 수준이나 관점에 맞추어진 경우가 많다. 단순히 데이터에서 의미를 찾고 이를 해석하는 데 필요한 정도보다 많은 정보를 다루기도 한다. 하지만 데이터를 꺼내 보기만 하는 데는 처음부터 끝까지 모든 정보가 필요하진 않다. 비개발자의 관점에서 SQL을 바라본 콘텐츠가 필요한 이유이다.

이 책은 개발자나 데이터 과학자는 아니지만 데이터를 다뤄야 하는 사람 모두를 위한 SQL 학습서이다. SQL을 통해 데이터를 다루는 기술을 학습할 뿐만 아니라 데이터에서 의미를 찾아가는 과정에 필요한 SQL 지식을 학습하는 데 초점을 맞추고 있다. 기획 또는 마케팅 업무를 하면서 데이터를 통해 의미를 찾고 싶은 사람 혹은 지금까지 코딩을 한 번도 해 보지 않았지만 업무상 데이터를 직접 다루기 위해 SQL을 사용해야 하는 사람이 필요한 내용을 빠르고 빠짐없이 학습할 수 있도록 구성하였다. 또한 프로그래밍을 처음 접하는 사람도 빠르게 SQL을 익힐 수 있도록 예제 중심으로 구성되어 있어 예제를 따라가다 보면 자연스럽게 SQL의 주요 기능을 익히고 나아가 실제 환경에서 SQL을 작성할 수 있는 능력을 기를 수 있다. SQL을 통해 원하는 정보를 찾고 나아가 그 속에서 의미를 찾아내어 비즈니스에 적용하고자 하는 사람들에게 이 책은 그 길을 제시하는 안내서가 되어 줄 것이다.

# 들어가며

# 1.1 왜 SQL을 배워야 할까?

## 1.1.1 SQL을 학습하는 이유

### 첫째, 데이터에 직접 접근하는 자유를 얻을 수 있다

데이터를 요청하고 받아보는 일은 커뮤니케이션 비용이 많이 든다. IT 분야에 재직 중이라면 한 번쯤은 개발 부서나 데이터 담당 부서에 데이터 요청을 해보았을 것이다. 예를 들어 새로 배포한 화면의 방문자 수를 확인하거나 마케팅 프로모션의 효과를 확인하기 위해 담당 부서에 데이터를 요청할 것이다. 그러나 요청한 데이터를 보통 원하는 대로 바로 받을 수 있는 일은 드물다. 때로는 데이터를 받기까지 2~3일이 걸리기도 하며, 받아 본 데이터가 원하는 결과물이 아니면 수정 요청을 해야 한다.

데이터를 매번 요청하는 대신 직접 데이터에 접근할 수 있는 역량을 갖춘다면 어떨까? 일단 커뮤니케이션 비용을 크게 줄일 수 있다. 데이터 담당자에게 필요한 데이터를 설명하지 않고도 데이터가 저장되어 있는 데이터베이스(Database, DB)에 접근하여 데이터를 직접 확인하고 원하는 데이터를 빠르게 확인할 수 있기 때문이다. 데이터를 다루는 역량이 있으면 시간 효율성을 확보할 수 있다.

데이터를 보는 일은 보통 한 번에 끝나지 않고 연관된 질문이 계속 따른다. 이 정보만 확인하면 원하는 질문에 대한 답을 얻을 수 있을 것 같지만 데이터를 보다 보면 자연스럽게 꼬리 질문이 계속해서 생기는데, 직접 데이터를 다룰 수 있다면 좀 더 신속하게 다음 질문에 대한 답을 찾아 가면서 서비스와 사용자에 대한 이해도를 높일 수 있다. 또한 데이터 접근 권한이 없더라도 데이터를 추출하는 과정을 이해하고 있는 사람과 그렇지 않은 사람은 데이터를 요청할 때부터 다르다. 직접 데이터에 접근할 수 있는 사람은 그렇지 않은 사람보다 시야가 넓기 때문에 업계에서도 데이터에 직접 접근하여 탐색할 수 있는 역량을 갖춘 사람을 점점 더 선호하는 추세이다.

데이터를 **빠르게** 탐색하기 위해서는 먼저 SQL을 알아야 한다. 대부분의 IT 서비스 데이터가 저장되는 곳은 관계형 데이터베이스(Relational Database, RDB)인데, 이러한 RDB에 접근할 수 있는 프로그래밍 언어가 SQL이기 때문이다. 데이터를 다루는 다른 프로그래밍 언어를 학습하더라도 기본 원리는 SQL의 원리와 같으므로, SQL은 핸들링하는 학습의 시작점이라고도 말할 수 있다.

이러한 이유로 많은 기업에서는 점점 더 많은 기획자, 마케터 그리고 일반 사무 직원에게도 SQL 학습 기회를 제공하고, 회사의 데이터가 저장되어 있는 DB 접근 권한을 열어 주는 추세이다. 기업의 규모에 상관없이 스타트업부터 대기업에 이르기까지 비슷한 움직임을 보인다.

기존에는 기업에서 사내 DB를 오픈하는 것을 매우 꺼렸다. 그 이유는 DB에는 서비스의 중요한 정보가 저장되어 있는데 SQL을 잘못 실행하면 시스템에 큰 부담을 줄 수 있고, DB에 문제가 생기면 서비스 장애로 이어질 수도 있기 때문에 소수 인원에게만 접근 권한을 줬었다.

하지만 이제는 많은 기업과 현직자들은 데이터를 통한 사용자 인사이트가 비즈니스의 성패를 좌우한다고 인식한다. 데이터 엔지니어링 분야가 점점 발달하고, 실제 운영하는 DB와 별개로 분석을 위한 데이터 웨어하우스(DW)를 운영하는 사례도 점점 늘어나면서 많은 구성원에게 데이터를 오픈하는 흐름이 이어지고 있다.

이는 많은 기업에서 비개발 직군을 채용할 때도 SQL 활용 능력을 우대사항으로 기재하는 것을 보면 알 수 있다. 이렇듯 데이터 활용 능력은 회사 내에서의 업무 역량뿐 아니라 이직 시장에서 경쟁력으로도 점차 확장되고 있다.

### 둘째, 데이터 커리어를 준비하는 시작점이다

취업 또는 이직을 준비하는 많은 사람이 데이터 커리어를 쌓기 시작할 때 주로 접하는 언어와 라이브러리가 있다. 파이썬(Python)의 판다스(pandas) 또는 R의 데이터프레임(dataframe) 같은 라이브러리가 대표적인데, 회사에 이미 구축되어 있는 환경이 아닌 개인이 직접 설정한 환경에서 학습하다 보니 대부분 CSV와 같은 파일 포맷의 데이터로 모델링과 분석을 연습하는 경우가 많다.

　그러나 기업의 데이터는 대부분 DB에 저장되어 있으며 DB에 저장된 데이터를 가져오려면 SQL을 이용해야 한다. 그렇지만 학습 시에 흔히 접하는 데이터 파일은 이미 다른 누군가가 한 차례 정제한 데이터가 대부분이다. 그렇기 때문에 SQL을 모른 채 이미 정제된 데이터 파일로만 공부해 왔다면 실무에서 사내의 개발자 혹은 데이터 담당자에게 의존하는 상황에 놓이게 된다. 또한 데이터를 다루는 많은 언어와 기술의 기본적인 콘셉트는 SQL 쿼리문에서 많은 부분을 차용하여 발전해 왔다. SQL을 학습하면 데이터를 다루는 기본 원리를 배울 수 있을뿐더러 다른 언어를 익힐 때도 도움이 되는 기초 역량을 다질 수 있다. 따라서 SQL을 데이터 학습의 출발점으로 두길 권장한다.

## 1.2 SQL이란?

### 1.2.1 프로그래밍 언어의 하나인 SQL

SQL에 대해 알아보기 전에 프로그래밍 언어란 무엇인지 생각하는 시간을 가져 보자. 프로그래밍 언어란 무엇일까? 간단히 말하면 우리가 어떤 일을 컴퓨터에 명령할 때 사용하는 언어라고 할 수 있다. 영어를 사용하는 사람에게 일을 시키고 싶다면 영어로 말해야 하고, 한국어를 사용하는 사람에게는 한국어로 말해야 하듯이, 컴퓨터에는 컴퓨터가 이해할 수 있는 언어로 명령해야 하는데, 그것이 바로 프로그래밍 언어이다.

　마치 나라별로 사용하는 언어가 다르듯이 프로그래밍 언어도 종류가 다양하다. 자바(Java), 파이썬, C 등이 그 주인공이다. 프로그래밍이 처음인 사람에게는 이러한 이름이 생소하고 종류도 많아 보이지만 자세히 들여다보면 언어 마다 역할이 확실하게 구분되어 있다.

매일같이 보는 웹사이트의 화면에 어떤 요소가 어디에 위치하게 할지 디자인 요소를 컴퓨터에 알려 주는 HTML, CSS, 자바스크립트(JavaScript) 같은 언어도 있고, 화면에는 안 보이지만 컴퓨터에 시킨 일이 어떻게 작동해야 하는지 알려 주는 자바, 파이썬 같은 언어도 있다. 이와 같이 컴퓨터에 시켜야 할 일이 다양하고 그 목적에 맞는 언어가 다르기 때문에 수많은 언어가 존재한다.

SQL은 이러한 프로그래밍 언어의 다양한 목적 중 '원하는 데이터를 가져다 줘!' 같은 명령을 컴퓨터에 하고 싶을 때 사용하는 언어라고 말할 수 있다. SQL로는 데이터를 가져오는 명령뿐만 아니라 '데이터를 수정해 줘!' 같은 명령도 할 수 있지만 이 책에서는 '데이터를 가져다 줘!'에 해당하는 부분만 집중적으로 알아볼 예정이다.

### 1.2.2 SQL의 의미

먼저 SQL의 사전적 정의를 알아보면 다음과 같다.

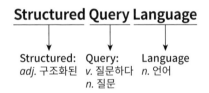

정의 그대로 직역해 보면 '구조화된 질문 언어'라고 해석할 수 있다. 앞서 SQL은 프로그래밍 언어라고 했으니 '컴퓨터에 데이터를 가져오라는 일을 시킬 때, 그 형식이 어느 정도 정해져 있는 질의(질문) 언어로 컴퓨터에 해야 할 일을 알려 주는 언어'라고 풀어서 설명할 수 있다.

또한 SQL은 RDB의 데이터를 관리하기 위하여 고안된 프로그래밍 언어이다. 다시 말해 RDB라는 형식의 데이터 저장소를 종합적으로 관리할 수 있도록 만들어진 언어이다. 많은 IT 서비스에서는 RDB를 데이터 저장소로 채택하여 사용하고 있으며, RDB에 접근하여 데이터를 볼 때 사용하는 프로그래밍 언어가 바로 SQL이다.

### 1.2.3 백문이불여일견, SQL은 어떻게 실행될까?

SQL은 데이터를 가져올 때 사용하는 컴퓨터가 이해할 수 있는 언어라고 설명했다. 그렇다면 컴퓨터에 어떤 식으로 명령해야 나의 요구 조건을 이해하고 작업을 수행해 줄까? SQL이 어떻게 동작하는지 알아보기에 앞서 동생에게 심부름을 시키는 상황을 한번 가정해 보자. 심부름을 시키려면 동생에게 두 가지 필수 조건을 알려 주어야 한다.

**동생에게 물건 가져오기 심부름을 시키기 위해 반드시 필요한 두 가지 정보**

1. '무엇'을 가져와야 하는지
2. '어디에서' 가져와야 하는지

물론 눈치가 빠른 동생이라면 어떤 물건을 가져다 달라고 부탁했을 때, 그 물건을 알아서 찾아 가져다줄 수도 있겠지만 보통은 "그거 어디 있는데?"라고 되물어 볼 것이다. 그래서 물건을 가져다 달라고 부탁할 때는 최소한 무엇을 가져올지, 어디에서 가져올지 알려 주어야 한다.

컴퓨터도 물건 심부름을 대신 해 주는 착한 동생과 똑같다. 데이터가 어디에 있는지 그리고 어떤 데이터를 가져와야 하는지를 알려 주어야만 컴퓨터는 사용자의 명령어를 올바르게 이해하고 데이터를 가져다준다.

다음은 컴퓨터에 데이터를 가져오라는 요청을 한국말로 표현한 것이다.

```
데이터 가져다 줘 전부 다
    저장소 위치가 어디냐면 여기야
    명령 끝!
```

구체적으로 어떤 데이터가 있는지 모르기 때문에 저장소 위치만 알려 주고, 그곳에 있는 데이터를 전부 갖다 달라고 부탁한 뒤 명령을 끝냈다는 것까지 알려주었다. 하지만 안타깝게도 컴퓨터는 한국어를 이해하지 못한다. 컴퓨터가 이해하는 언어로 요청하기 위해 위의 한국어 요청문을 SQL로 바꿔 보자.

```
SELECT *
    FROM [테이블명]
    ;
```

'가져다 줘' 부분을 SELECT로, '어디냐면~' 부분을 FROM으로 변경하고 '전부 다' 가져다 달라는 의미인 *를, 데이터가 저장되어 있는 위치를 의미하는 [테이블명] 으로 바꾸어서 컴퓨터에 전달할 요청문을 작성하였다.

　다소 생소한 표현일 수 있지만 의미는 한국어 요청문과 같다. 문법 요소 하나하나는 다시 천천히 설명할 예정이니 지금은 '이런 것이 있구나' 정도만 이해하고 넘어가도 괜찮다. 그렇다면 위에서 알아본 SELECT * FROM [테이블명] ; 형태의 SQL 언어를 실행하면 어떤 일이 일어날까?

## SQL Statement:

```
SELECT * FROM Customers;
```

Edit the SQL Statement, and click "Run SQL" to see the result.

Run SQL »

## Result:

Number of Records: 91

| CustomerID | CustomerName | ContactName | Address |
|---|---|---|---|
| 1 | Alfreds Futterkiste | Maria Anders | Obere Str. 57 |
| 2 | Ana Trujillo Emparedados y helados | Ana Trujillo | Avda. de la Constitución 2222 |
| 3 | Antonio Moreno Taquería | Antonio Moreno | Mataderos 2312 |
| 4 | Around the Horn | Thomas Hardy | 120 Hanover Sq. |
| 5 | Berglunds snabbköp | Christina Berglund | Berguvsvägen 8 |

온라인 교육 사이트 W3Schools의 모의 SQL 실행 환경에서 SELECT * FROM [테이블명] ; 형태의 SQL 문을 실행한 결과이다. 이렇게 SQL 문을 실행하는 것을 다

른 말로는 '쿼리문을 실행했다', '쿼리문을 날렸다'라고도 표현한다. SQL 질의 명령문을 컴퓨터에 전달했다는 의미이다.

이 결과는 가상 온라인 쇼핑 사이트의 고객 리스트를 추출한 것으로 유추해 볼 수 있는데, 테이블명 Customers, 컬럼명 CustomerID, CustomerName 등을 통해 확인할 수 있다. 마치 하나의 엑셀 시트처럼 데이터가 행과 열에 정리되어 있다.

지금은 "아하 'SELECT ~ FROM ~' 형식을 통해 컴퓨터에 '어디서', '무엇을' 가져 오라고 요청하면 이렇게 테이블 단위의 데이터를 가져와서 보여 주는구나" 하고 이해만 하고 넘어가자.

## 1.2.4 SQL의 종류

데이터를 가져오는 기능을 알아보았는데, SQL에는 데이터를 조작하는 기능도 있다. SQL을 기능별로 분류하면 다음과 같다.

 **SQL의 기능에 따른 분류**

**1. DML**

DML(Data Manipulation Language)은 데이터 조작 언어라는 뜻으로 데이터베이스 의 내부 데이터를 관리하기 위한 기능이다. 주로 데이터를 조회하고, 추가하고, 수정하거 나 삭제하는 등의 기능들을 수행하기 위하여 사용된다. 주요 명령어로 SELECT, INSERT, UPDATE, DELETE 등이 있다.

**2. DDL**

DDL(Data Definition Language)은 데이터 정의 언어라는 뜻으로 관계형 데이터베이스 내의 저장 단위인 '테이블(table)'과 '컬럼(column)'을 정의하고 관리하는 명령어를 포함 한다. 저장 공간을 생성하고, 수정하거나 삭제하는 등의 주로 데이터 저장 공간을 결정하는 기능에 해당하며, 주요 명령어로는 CREATE, DROP, TRUNCATE 등이 있다.

3. **DCL**

   DCL(Data Control Language)은 관리 목적으로 주로 사용되며 데이터베이스에 접근하려는 사용자의 권한을 관리하거나 보안과 관련된 기능을 담당한다. 주요 명령어로는 GRANT, REVOKE 등이 있다.

4. **TCL**

   TCL(Transaction Control Language)은 트랜잭션 제어 언어라는 뜻으로 데이터베이스를 조작하는 명령 단위인 트랜잭션을 제어하고 관리할 때 사용하는 기능이다. 주요 명령어로는 COMMIT, ROLLBACK 등이 있다.

## 1.2.5 책의 학습 목표, 데이터를 다루는 기능에 집중하기

SQL의 기능에 따른 네 가지 분류를 살펴보았다. 네 가지 분류 중 DML, 그중에서도 SELECT 문을 집중적으로 다룰 예정이다. 그 이유는 보통 데이터베이스를 조회하는 것 이상의 권한(수정, 삭제 등)은 일부 관리자에게만 주어지며, 권한이 있더라도 직접 데이터를 조작하는 일은 많은 주의를 요구하기 때문이다.[1] 데이터를 조회하는 것이 주된 목적이라면 SELECT 문만 집중적으로 학습해도 충분하다.

이후에 데이터를 추가하거나 수정할 일이 생기더라도 SELECT 문을 제대로 학습했다면 필요한 명령을 금방 익힐 수 있다. 데이터를 삭제하거나 수정하는 DELETE 문이나 UPDATE 문도 그 형태와 용법이 SELECT 문의 활용법과 크게 다르지 않기 때문이다. 따라서 나중에 필요하면 해당 명령문의 문법(syntax)을 따로 찾아보면 된다. 이 책에서는 데이터를 통해 분석을 하거나 원하는 정보를 확인하는 데 필요한 조회 기능에 중점을 두고 내용을 전개할 예정이다.

---

[1] SQL을 직접 사용하는 대신 API(Application Programming Interface) 등의 추상화된 레이어를 통해 조작하는 것이 일반적이다.

## 1.2.6 SQL을 배우기 전 알아 두면 좋은 개념

SQL의 세계에 들어가기에 앞서 자주 사용되는 개념과 용어를 살펴보자. 이 내용은 SQL을 직접 코딩해 보기 전에 미리 알고 있으면 좋지만 몰라도 SQL을 실행하는 데는 문제가 없다.

| 용어 | 의미 |
|---|---|
| 데이터베이스<br>(Database) | 데이터를 저장하고 관리하는 시스템. 데이터베이스는 주로 여러 사용자가 동시에 접근하여 데이터를 검색, 추가, 수정, 삭제 등의 작업을 수행하도록 설계된다. 다양한 종류의 데이터를 저장할 수 있으며 고객 정보, 주문 내역, 재고 관리 등의 정보를 저장한다. |
| 관계형 데이터베이스<br>(Relational Database, RDB) | 데이터를 테이블 형태로 관리하는 데이터베이스. 각 테이블은 서로 키(key)를 기반으로 특정 관계로 연결되어 있다. 가장 널리 사용되는 형태의 데이터베이스다. SQL을 사용하여 데이터의 검색, 삽입, 수정, 삭제 등 다양한 작업을 할 수 있다. |
| 테이블(table) | 관계형 데이터베이스 내에서 행과 열로 구성된 데이터를 저장하는 기본 단위. 엑셀을 하나의 데이터베이스라고 한다면 테이블은 엑셀 내의 하나의 시트로 볼 수 있다.<br>각 테이블은 고유한 식별자인 기본 키(Primary Key)를 가지고 있다. 기본 키는 테이블 내에서 각 행을 고유하게 식별하기 위해 사용된다. 또한, 테이블 간의 관계를 맺을 때는 외래 키(Foreign Key)를 사용한다. |
| 컬럼(column) | 테이블에서 하나의 속성(attribute)에 해당하는 데이터를 저장하는 공간으로 세로 줄인 열에 해당한다. 각 컬럼에는 컬럼의 이름, 데이터 타입, 크기, 제약 조건 등이 정의될 수 있다. |
| 행(row) | 테이블에서 가로줄 한 줄을 의미한다. 레코드라고 부르기도 한다. 테이블에서 하나의 개별 데이터 단위를 나타내며, 특정 데이터가 저장되고 조회될 때 행 단위로 처리된다. |
| 기본 키(Primary Key, PK) | 기본 키는 테이블에서 각 행을 고유하게 식별할 수 있는 값이다. 기본 키는 하나가 아닌 여러 값의 조합으로 이루어질 수도 있으며, 이러한 기본 키는 테이블 내에서 중복되지 않는 유일한 값을 가져야 한다. |
| 외래 키(Foreign Key, FK) | 외래 키는 다른 테이블의 기본 키와 매칭되어 해당 테이블과의 관계를 정의한다. 다른 테이블의 기본 키 값을 가져와서 컬럼을 구성하며 이후 테이블끼리 결합할 때 사용된다. 일반적으로 다른 테이블의 기본 키와 같은 데이터 타입과 크기를 갖는다. |

# 1.3 실습 환경 구성하기

## 1.3.1 SQL 실습 환경 구성

SQL을 실습하기 위해서는 어떤 프로그램을 준비해야 할까? SQL 실습 환경을 통합해서 관리해 주는 IDE(Integrated Development Environment)가 필요하다. IDE는 마치 스프레드시트를 사용하기 위해 엑셀 프로그램을 설치히고, 프레젠테이션 파일을 만들기 위해 파워포인트를 설치하는 것과 같다.

IDE는 언어별로 그 언어의 특성에 맞는 다양한 제품이 출시되어 있는데 그 중에서 사용에 제한이 없는 무료 소프트웨어인 디비버(DBeaver)로 첫 SQL 프로그래밍 경험을 시작할 것이다.[2]

 **디비버란?**

디비버(DBeaver)는 무료 오픈소스 소프트웨어로 아파치 라이선스를 따른다. 오픈소스란 누구에게나 열려 있는 소스 코드란 뜻으로 사용하는 데 제약이 없는 프로그램 혹은 소스 코드를 말한다. 감사하게도 인터넷 세상에서는 공공의 이익을 위해 직접 개발한 제품을 무료로 선뜻 제공하는 오픈소스 생태계가 존재한다. 더 자세한 내용을 알고 싶다면 디비버 공식 사이트를 참고하자(*https://dbeaver.io/about/*).

실습 환경으로 Windows 환경과 macOS 환경을 모두 지원하는 멀티 플랫폼 IDE인 디비버를 사용할 예정이다. 물론 이미 다른 IDE 환경을 구성하고 사용하는 데 익숙한 독자라면 굳이 디비버를 선택하여 사용할 필요는 없다. IDE란 프로그래밍을 돕는 도구일 뿐이기에 어떤 IDE를 선택하든 SQL을 작성하는 원리나 방식은 동일하기 때문이다.

IDE 중에서는 처음 SQL 학습을 시작하는 사람보다 전문가에게 적합한 제품도 있으며, 유료이

---

[2] 만약 다른 IDE 환경을 구성하고 사용하는 데 이미 익숙하다면, 디비버가 아닌 프로그램을 사용해도 된다.

거나 제한적으로만 무료인 제품도 있다. 디비버는 사용에 제약이 없으며 독자가 어떤 환경에서 실습을 하더라도 비슷한 환경을 제공한다.

디비버의 공식 캐릭터는 매우 귀엽다

## 1.3.2 디비버 설치 및 실습 데이터 설정 가이드

### 디비버 설치하기

가이드를 따라 디비버를 설치하여 실습 환경을 구성해 보자.

① 디비버 공식 사이트(https://dbeaver.io)에 접속한다. 구글에 dbeaver를 검색하여 접속해도 된다.

디비버 공식 사이트 화면

② 메뉴 바에서 Download 버튼을 클릭하여 다운로드 탭으로 이동한다. 링크
(https://dbeaver.io/download/)를 통하여 바로 접속해도 좋다.

디비버 공식 사이트 다운로드 화면

③ 운영 체제 환경(Windows 혹은 macOS)에 맞는 설치 파일을 선택하여 다
운로드한다.[3] 화면 왼편에 위치한 커뮤니티 버전을 받는다. Windows 사
용자라면 Windows (Installer)를, macOS 사용자 중 인텔 칩이 내장된 기기를
사용하는 사용자라면 MacOS for Intel (dmg)을, M 시리즈를 칩으로 사용하
는 기기라면 MacOS for Apple Silicon (dmg)을 클릭하여 개별 환경에 맞는 설
치 파일을 다운로드한다.

④ 다운로드한 파일을 실행하여 설치를 진행한다.

3  이 책의 실습 환경은 22.1.4 커뮤니티 버전으로 구성했다.

**실습 데이터 다운로드**

① 실습에 활용할 CSV 데이터를 받아 보자. 다음 링크에서 데이터 파일을 다운로드하고, 압축을 해제한다.

실습 데이터 제공 링크: *https://github.com/SqlForPmInsight/-SQL-*

② 실습에 사용할 데이터는 총 5개의 CSV 파일로 아래와 같이 그 관계도를 표현할 수 있다. 데이터는 온라인 쇼핑몰의 데이터베이스를 가정하고 만들었다. 개별 사각형 내에는 각 CSV 파일에 들어 있는 데이터 정보를 표현하고 있으며 약식으로 간략하게 어떤 형태의 관계인지 표현한 그림이니 참고용으로 보면 좋다.

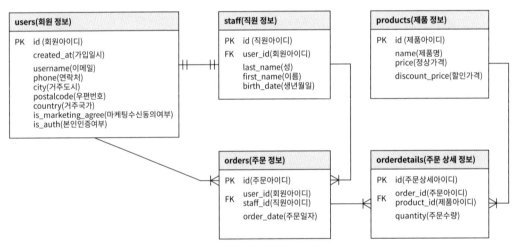

모의 온라인 쇼핑몰의 실습 데이터 세트

이후부터는 사용자의 운영 환경에 맞는 MariaDB 설치 및 실습 데이터 환경 설정 가이드를 선택하여 실습 환경 구성을 마무리한다.

**MariaDB 설치 및 실습 데이터 환경 설정 가이드 (macOS용)**

① 디비버를 설정하기에 앞서 DB 엔진으로 사용할 MariaDB를 설치한다.
https://brew.sh/로 접속하여 Install Homebrew 아래에 있는 명령어를 복사
한다.

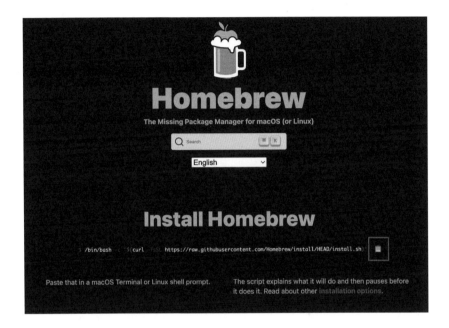

② 상단의 메뉴 바에서 돋보기 모양의 아이콘을 클릭해서 터미널(Terminal.
app)[4]을 실행한다. 혹은 탐색기(Finder)를 실행하고 상단 탭에서 이동
(Move) > 유틸리티(Utility)를 선택하면 나오는 아이콘 중 터미널(Terminal)을
실행한다.

③ ①에서 복사한 명령어를 터미널에 붙여 넣고 엔터를 누르면 Homebrew
설치가 시작된다.[5]

---

4   터미널은 macOS에서 컴퓨터에 원하는 명령어를 실행할 수 있는 CLI(Command-Line Interface) 도
    구다.
5   Homebrew 설치 명령어가 변경될 수도 있으므로 공식 홈페이지에 있는 명령어를 기준으로 실행하
    는 것을 권장한다.

```
/bin/bash -c "$(curl -fsSL https://raw.githubusercontent.com/Homebrew/
                install/HEAD/install.sh)"
```

④ Homebrew 설치가 완료되면 터미널에 MariaDB를 설치하기 위한 명령어를 아래와 같이 입력한다.[6]

```
brew install mariadb
```

⑤ MariaDB 설치가 완료되면 MariaDB 구동을 시작하기 위한 명령어를 아래와 같이 입력한다.

```
brew services start mariadb
```

⑥ 터미널에 다음 명령어를 입력하여 MariaDB 명령어를 입력할 수 있는 콘솔 환경을 시작한다. sudo 명령어는 superuser do의 약자로, macOS에서 관리

---

6  이 책에서는 mariadb 11.0.2 버전을 사용했다.

자 권한으로 프로그램을 실행할 때 쓰인다. sudo 명령어를 사용할 때 시스템에서 보안을 위해 사용자 계정 비밀번호를 요구하기도 한다.[7]

```
sudo mariadb -u root
```

```
joe@joeui-MacBookPro ~ % sudo mariadb -u root
Welcome to the MariaDB monitor.  Commands end with ; or \g.
Your MariaDB connection id is 6
Server version: 11.0.2-MariaDB Homebrew

Copyright (c) 2000, 2018, Oracle, MariaDB Corporation Ab and others.

Type 'help;' or '\h' for help. Type '\c' to clear the current input statement.
```

⑦ MariaDB 셀 내에서 초기 비밀번호를 설정하는 부분이다. 아래의 명령어를 한 줄씩 차례대로 작성하고 각각 엔터를 누른다. 1234 부분은 비밀번호를 설정하는 부분인데 다른 비밀번호로 설정하려면 1234 부분을 변경하고 입력한다. 마지막 명령어인 EXIT;를 입력하면 셀이 종료된다.

```
FLUSH PRIVILEGES;
ALTER USER 'root'@'localhost' IDENTIFIED BY '1234';
FLUSH PRIVILEGES;
EXIT;
```

```
joe@joeui-MacBookPro ~ % sudo mariadb -u root -p
Enter password:
Welcome to the MariaDB monitor.  Commands end with ; or \g.
Your MariaDB connection id is 11
Server version: 11.0.2-MariaDB Homebrew

Copyright (c) 2000, 2018, Oracle, MariaDB Corporation Ab and others.

Type 'help;' or '\h' for help. Type '\c' to clear the current input statement.

MariaDB [(none)]> FLUSH PRIVILEGES;
Query OK, 0 rows affected (0.003 sec)

MariaDB [(none)]> ALTER USER 'root'@'localhost' IDENTIFIED BY '1234';
Query OK, 0 rows affected (0.011 sec)

MariaDB [(none)]> FLUSH PRIVILEGES;
Query OK, 0 rows affected (0.000 sec)

MariaDB [(none)]> EXIT;
Bye
```

---

7  초기 비밀번호를 설정한 이후에는 sudo mariadb -u root -p를 입력하고, ⑦에서 설정한 비밀번호를 입력하여 셀에 접속한다.

⑧ 터미널을 종료하고 앞서 설치해 둔 디비버를 찾아 실행한다.

⑨ 정상적으로 실행되면 화면이 표시된다. 이번에는 데이터베이스를 생성
해 보자. Database Navigator의 빈 공간에서 마우스를 우클릭하여 Create >
Connection 순서로 선택한다. 상단에 위치한 데이터베이스(D) > 새 데이터베
이스 연결(Connect to a database) 순서로 선택해도 같은 화면으로 이동할 수
있다.

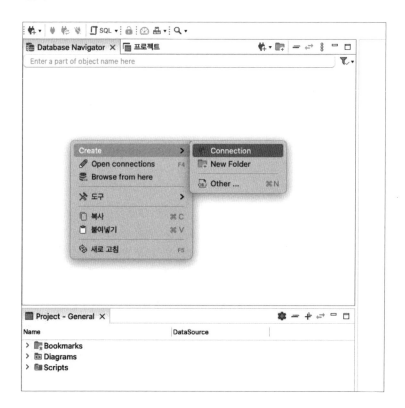

⑩ 데이터베이스 종류를 선택하는 화면이 표시된다. 물개 모양이 그려져 있는 MariaDB 아이콘을 더블 클릭하여 넘어간다.

⑪ Server Host는 localhost로 기본 설정되어 있으며 Port도 3306으로 기본 설정되어 있음을 확인한다. Database는 빈 칸으로 둬도 무관하다. Username은 root로 기본 설정되어 있으며 Password는 ⑦에서 설정했던 비밀번호(책에서 제시된 명령어를 그대로 입력했을 경우 1234)를 입력하고 완료(F) 버튼을 클릭한다.

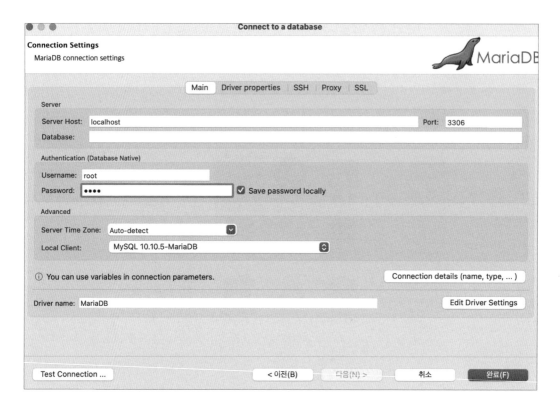

⑫ Database Navigator 아래에 localhost라는 이름으로 서버에 연결된다.

⑬ 이제는 앞서 다운로드한 실습 데이터를 데이터베이스에 넣어 보자. 압축 파일을 풀어 데이터가 정상적으로 들어 있는지 확인하고 준비한다.

⑭ localhost 아래의 Databases를 우클릭하여 Create New Database를 선택한다.

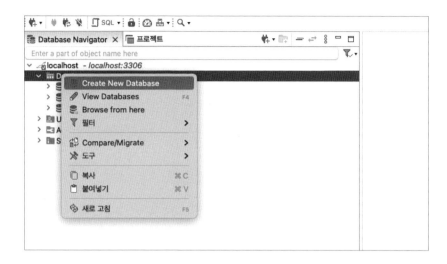

⑮ 사용할 데이터 저장 공간인 데이터베이스에 원하는 이름을 설정해 준다. 여기서는 임의로 play_sql이라고 설정해 주었다. 원하는 이름을 설정해도 좋고 그대로 따라 해도 무방하다. Charset은 utf8mb4로 설정한다.

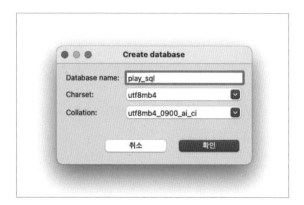

⑯ Database Navigator 아래 play_sql이라는 데이터베이스가 생성됐다. 이제 다운로드한 실습 데이터를 넣을 차례다. Databases 아래의 play_sql을 우클릭하여 데이터 가져오기를 선택하자.

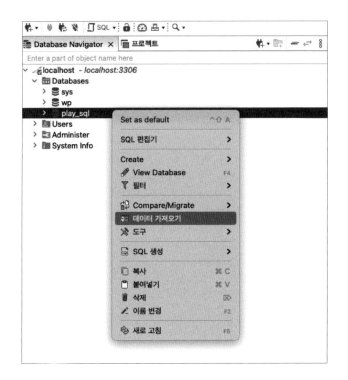

⑰ Import Source는 어떤 형식의 데이터를 가져올지 컴퓨터에 알려 주는 부분
이다. CSV 파일을 가져올 것임을 선택하고 다음(N)을 선택하여 넘어가자.

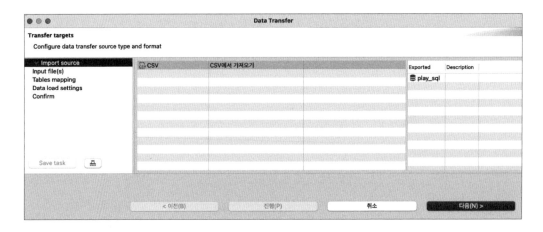

⑱ 다음으로 넘어가면 Input file(s) 탭이 뜨는데, 실습 데이터의 위치를 찾아 CSV 파일 5개를 모두 선택한 뒤 Open을 클릭하자. Importer settings 설정에서 중간의 **공백 NULL로 치환** 부분을 반드시 체크한다. Input file(s)에 5개의 데이터 파일이 정상적으로 표시되는 것을 확인한 뒤 다음(N)을 선택하여 넘어가자.

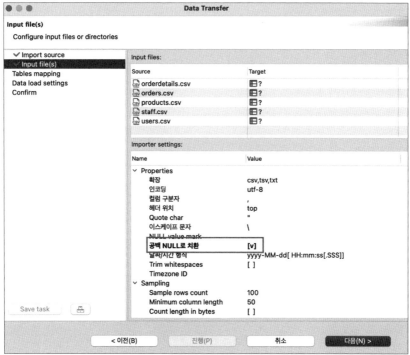

⑲ Tables mapping은 각각 업로드한 CSV 파일 안에 있는 컬럼(column)의 데이터 형식을 설정하는 부분이다. 이 부분은 디비버가 자동으로 인식하여 매핑해 주므로 다음(N)을 선택하여 넘어가자.

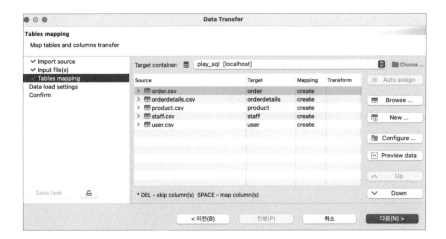

⑳ Data load settings는 CSV 파일 내의 데이터를 테이블에 저장할 때 관련 옵션을 설정하는 부분이다. 기본 설정 그대로 두고 다음(N)을 선택하여 넘어가자.

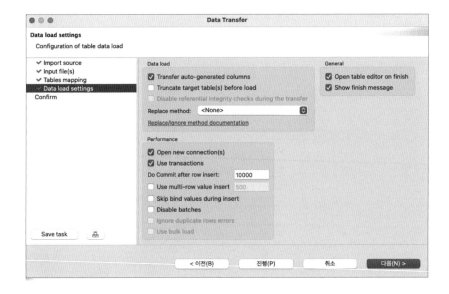

㉑ 마지막으로 지금까지 한 설정을 점검한다. Objects에 CSV 파일이 5개가 정
상적으로 표시되는지 확인하고 진행(P) 버튼을 클릭하여 데이터를 임포트
한다.

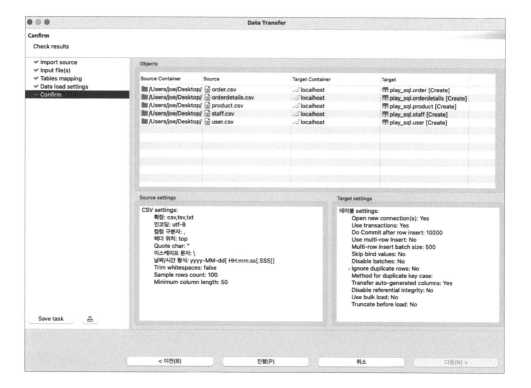

㉒ 다음과 같이 play_sql > Tables 아래에 5개의 테이블(table)[8]이 생성되었다
면 실습 준비를 마친 것이다.

---

8  테이블은 앞으로 자주 보게 될 데이터 저장 단위로, 데이터베이스의 하위에 존재하는 하나의 데이터
   저장 공간이라고 기억해 두자.

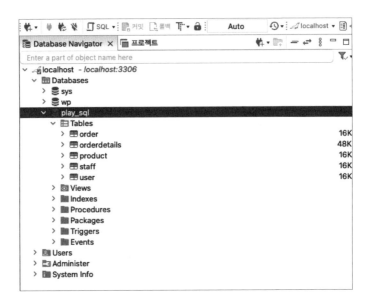

## MariaDB 설치 및 실습 데이터 환경 설정 가이드 (Windows용)

① 디비버를 설정하기에 앞서 DB 엔진으로 사용할 MariaDB를 설치한다. 공식 사이트(https://mariadb.org/)에 접속하여 Download를 클릭하거나 https://mariadb.org/download/로 바로 접속한다.

② Windows 사양에 맞는 MSI Package 설치 파일⁹을 다운로드하여 실행한다.

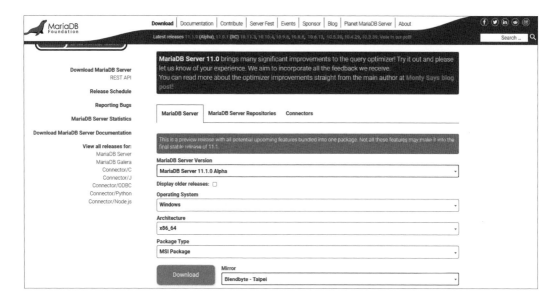

③ 라이선스에 동의한다는 뜻의 체크박스에 체크하고 Next를 선택하여 다음
으로 넘어간다.

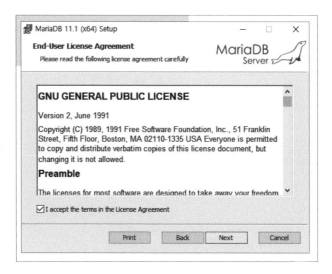

9  이 책은 MariaDB Server 10.10.5 버전으로 진행되었다.

④ 설치 대상을 설정하는 화면이다. Next를 선택하여 다음으로 넘어간다.

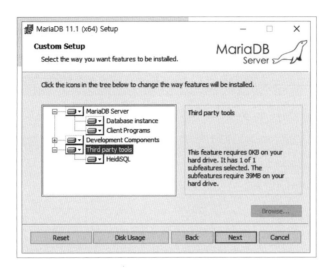

⑤ 계정 정보를 설정하는 단계다. New root password에 MariaDB 사용 시 사용할 비밀번호를 설정하고 Confirm에 비밀번호를 다시 입력해서 비밀번호를 확인한다. Enable access from remote machines for 'root' user 체크박스에 체크하고 Next를 선택하여 다음으로 넘어간다.

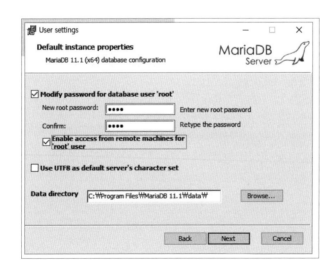

⑥ 접속 정보 및 엔진 기본 환경을 설정하는 화면이다. 기본 설정 그대로 두고 Next를 선택하여 다음으로 넘어간다.

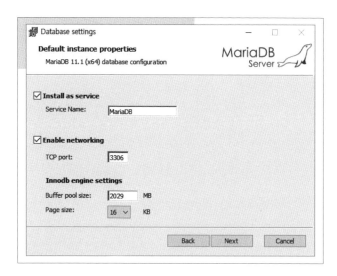

⑦ Finish를 선택하여 설치를 완료한다.

⑧ 앞서 다운로드한 디비버를 설치하고 실행한다. 상단 탭에서 데이터베이스 (D) > 새 데이터베이스 연결을 클릭한다.

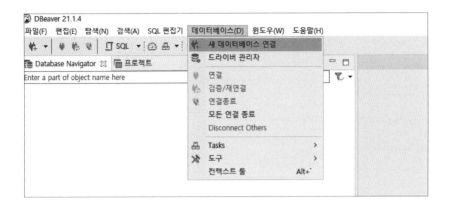

⑨ 물개 모양이 그려져 있는 MariaDB 아이콘을 더블클릭하여 넘어간다.

⑩ Server Host에는 localhost, Port에는 3306이 입력되어 있는 것을 확인하고 Database는 빈 칸으로 둔다. Username이 root로 설정된 것을 확인하고 Password에 MariaDB 설치 시 입력했던 비밀번호를 입력한 후, Save password locally를 체크하고 완료(F)를 클릭한다.

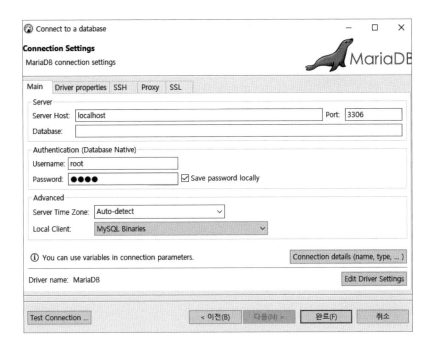

⑪ 앞에서 완료(F) 버튼을 클릭했을 때, Download driver files 창이 표시될 수 있다. 이는 드라이버가 설치되어 있지 않을 때 표시되는 창으로 Download 를 클릭하여 드라이버를 설치한다.

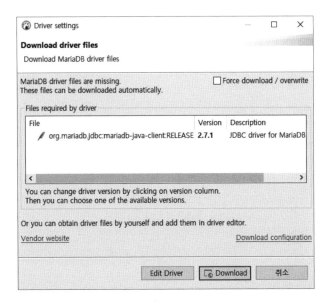

⑫ 왼쪽의 localhost 아래의 Databases를 우클릭하여 Create New Database를 선택한다.

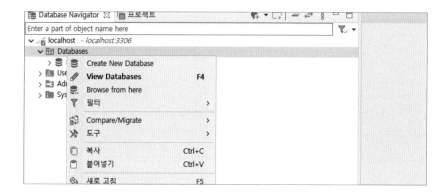

⑬ Database name에 play_sql이라고 입력하고 확인을 클릭한다. Charset은 utf8 mb4로 설정한다.

⑭ Databases 아래에 play_sql이 생성된 것을 확인하고, play_sql 아래의 Tables를 우클릭하여 데이터 가져오기를 선택한다.

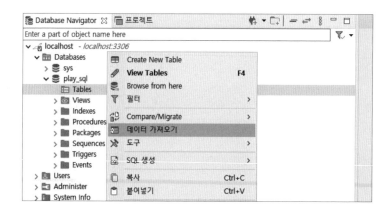

⑮ 어떤 형식의 데이터를 가져올지 컴퓨터에 알려 주는 부분이다. CSV에서 가져오기 탭을 선택하고 다음으로 넘어간다.

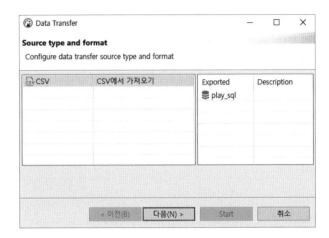

⑯ 실습에 사용할 데이터를 데이터베이스에 넣는 과정이다. 다운로드한 파일의 압축을 풀어 나오는 CSV 파일 5개를 선택한다. Importer settings 중간의 **공백 Null로 치환** 부분을 체크하고 다음(N)을 선택한다.

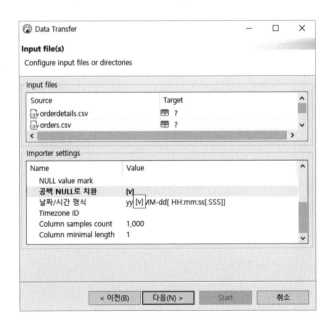

⑰ CSV 파일과 데이터베이스에 생성될 테이블을 매핑하는 화면이다. 다음(N)
을 선택하여 넘어간다.

⑱ CSV 파일에서 데이터베이스로 데이터를 옮기는 것에 관한 설정 화면이다.
다음(N)을 선택하여 넘어간다.

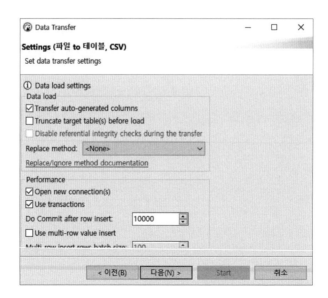

⑲ 설정 사항을 확인하는 단계다. 확인 후 Start를 선택하자.

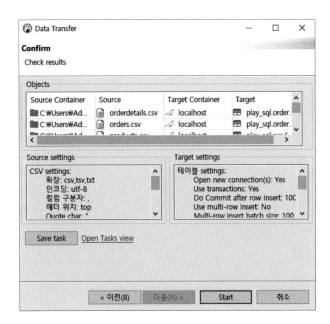

⑳ 다음과 같이 play_sql > Tables 하위에 5개의 테이블이 생성되었다면 실습 준비를 마친 것이다.

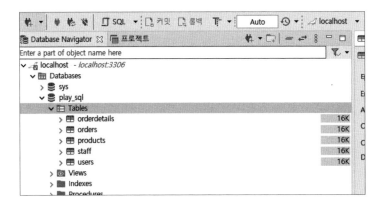

# 원하는 데이터를
# 가져오고 필터링하자

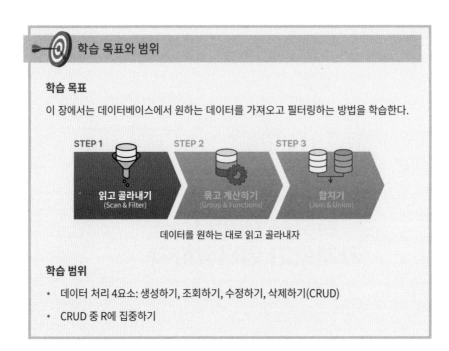

학습 목표와 범위

학습 목표

이 장에서는 데이터베이스에서 원하는 데이터를 가져오고 필터링하는 방법을 학습한다.

STEP 1    STEP 2    STEP 3

읽고 골라내기    묶고 계산하기    합치기
(Scan & Filter)    (Group & Functions)    (Join & Union)

데이터를 원하는 대로 읽고 골라내자

학습 범위

• 데이터 처리 4요소: 생성하기, 조회하기, 수정하기, 삭제하기(CRUD)

• CRUD 중 R에 집중하기

### 데이터 처리 4요소: 생성하기, 조회하기, 수정하기, 삭제하기

데이터를 처리하는 개념은 SQL뿐만 아니라 다른 기술에도 있다. SQL은 관계형 데이터베이스의 데이터를 다루는 주요 언어일 뿐, 데이터를 처리한다는 개념 자체는 컴퓨터 기술의 일반적인 기능 중 하나이다.

기술이나 언어에 상관없이 데이터 처리는 네 가지 기능으로 나뉜다. 바로 생성하기, 조회하기, 수정하기, 삭제하기이다. 약자로는 CRUD(Create, Read, Update, Delete)라고 부른다. 어떤 기술이든 언어든 이 네 가지 기능이 있으면 지속적으로 데이터를 처리할 수 있는 기본 기능을 갖추었다고 할 수 있다.

### CRUD 중 R에 집중하기

이 책에서는 네 가지 핵심 요소 중 SQL의 R(Read) 기능에 대해 집중적으로 살펴볼 것이다. 앞서 설명했듯이 데이터를 생성하고, 수정하고, 삭제하는 CUD(Create, Update, Delete) 기능을 모르더라도 데이터를 조회하고 분석하는 데 문제가 없으며, 오히려 아직 모르는 것이 안전하다. 원하는 데이터를 가져오고 골라내기 위한 SQL의 네 가지 문법 요소 SELECT, FROM, WHERE, ORDER BY에 대해 알아보자.

문법을 설명하기에 앞서 간단한 예문을 실행하고 결과를 볼 것이다. 설정해 둔 실습 환경에서 제시된 코드를 입력하고 실행하면 된다. 쿼리는 만들어 둔 play_sql 데이터베이스 아이콘을 마우스 오른쪽 버튼으로 클릭하고 SQL 편집기 > 새 SQL 편집기를 선택하면 열리는 쿼리 실행 창에서 실행할 수 있다.

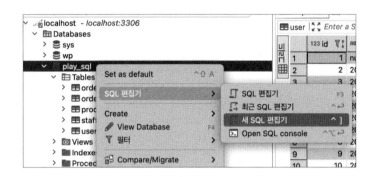

## 2.1 SELECT

### 2.1.1 무엇을 보여 줄까?

SELECT는 데이터를 다루는 언어를 배울 때 가장 먼저 익히고 사용하는 기능이다. 1장에서 착한 동생에게 심부름을 시킬 때 '무엇'을 가져와야 하는지 알려 주듯이 '어떤' 데이터를 보여 줄지 지정한다. 이 절에서는 SELECT로 간단한 결과물을 출력하며 기본 사용법을 익히고, 다음 절에서 FROM과 함께 사용하여 데이터를 가져오는 방법을 살펴보자. 일단 코드를 따라 해 보자.

### 2.1.2 따라 하며 이해하기

**Q1** 결과 창에 Hello SQL!을 출력해 보자.

```
SELECT "Hello SQL!";
```

위와 같이 입력하고 결과를 확인해 보자. 실행[1]은 단축키를 활용하여 control + enter 버튼을 동시에 누르거나 실행 창 왼쪽의 주황색 세모꼴 실행 버튼(▶)을 클릭하면 된다.

결과화면

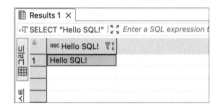

위와 같이 첫 번째 행에 Hello SQL!이라고 표시되었다면 정상적으로 실행된 것이다. 컴퓨터에 SQL로 첫 인사를 보냈다. 이처럼 SELECT를 활용하면 원하는 문자를 출력할 수 있다. 문자를 출력할 때는 따옴표 안에 원하는 문자열을 작성해야 한다.

실행이 안 된다면 작은따옴표(')나 큰따옴표(")로 Hello SQL!을 잘 감쌌는지, SELECT 철자에 오타는 없는지 확인하고 다시 시도해 보자. 참고로 SQL 코드를 해석하는 컴퓨터는 대소문자를 구분하지 않아[2] SELECT, select 모두 쓸 수 있다.

---

**</> SQL 직독직해**

```
SELECT "Hello SQL!";
```
↳~를 보여 줘    ↳보여 줄 내용

---

1  디비버 공식 단축키 문서: https://github.com/dbeaver/dbeaver/wiki/Shortcuts
2  대소문자 구분 없이 실행 가능하지만 이 책에서는 SQL 명령어를 대문자로 작성해서 쉽게 구분할 수 있게 했다.

SELECT는 직역하면 '선택하다, 가져오다'라는 뜻으로 SQL에서는 '~를 보여 줘!'
라는 뜻으로 쓰인다. 컴퓨터에 SQL로 데이터 조회를 요청할 때 늘 SELECT로 시
작하므로 '이제부터 조회를 시작한다'라는 의미로 이해하면 된다.

**Q2** 결과 창에 12+7이 계산된 결괏값을 출력해 보자.

```sql
SELECT 12 + 7;
```

결과화면

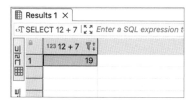

SELECT 문으로 사칙 연산 중 덧셈을 해 보았다. SELECT로 숫자 연산을 할 수 있
어 마치 계산기처럼 활용할 수 있다. 덧셈뿐만 아니라 다른 사칙 연산도 수행
할 수 있다.

**Q3** 결과 창의 첫 행에 각각 Find, Insight, with SQL을 3개의 칸에 걸쳐 순서대로
출력해 보자. 단, 제목 행에는 컬럼명이 순서대로 First, Second, Third로 표기되도록 지
정하자.

```sql
SELECT
    "Find" AS 'First'
    , "Insight" AS "Second"
    , "with SQL" AS Third ;
```

결과화면

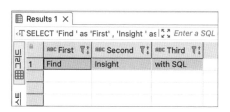

이와 같이 SELECT 내에서 콤마(,)로 문자 데이터를 구분하여 표시할 수 있다. 콤마로 구분하면 컴퓨터는 결과 화면과 같이 각각을 컬럼으로 나누어 표시한다.

</>가 **SQL 직독직해**

```
SELECT
  └~를 보여 줘
    "Find" AS 'First'
           └(컬럼명을) ~로
  , "Insight" AS "Second"
              └~로
  , "with SQL" AS Third ;
               └~로
```

출력할 문자 뒤에 있는 AS는 '컬럼의 이름을 ~로 지정하라'는 뜻으로 컴퓨터에 지정할 컬럼명을 알려 주는 부분이다. 정확히 말하면 AS는 컬럼에 별칭(alias)을 붙일 때 사용하는 구문으로, AS로 별칭을 지정하지 않아도 실행은 되지만 First, Second, Third처럼 별칭을 지정하면 보기에 좋다.

AS 뒤에 별칭을 지정할 때는 위와 같이 작은따옴표(') 혹은 큰따옴표(") 안에 쓰든, 따옴표 없이 쓰든 상관없다.

---

📋 **SELECT 정리하기**

✓ SELECT는 "~를 보여 줘!"라는 뜻이다.

✓ SELECT 뒤에 어떤 컬럼을 출력할지 컴퓨터에게 알려 준다.

✓ 콤마(,)를 사용하면 내용을 여러 컬럼(column, 열)에 나누어 표시한다.

✓ AS는 컬럼명에 별칭을 설정한다. 단, AS로 원래 컬럼명 자체를 변경하는 것은 불가능하다.

### 2.1.3 연습 문제

1. SELECT를 이용하여 28 + 891의 결과를 표시하라.

2. SELECT를 이용하여 19 x 27의 결과를 표시하라. 단, 컬럼명은 Result로 표시하라.

3. SELECT를 이용하여 다음 세 가지 결과를 각각 다른 컬럼으로 결과 창에 표시하라.
   - 37 + 172 (단, 컬럼명은 Plus로 표시하라.)
   - 25 x 78 (단, 컬럼명은 Times로 표시하라.)
   - I love SQL! (단, 컬럼명은 Result로 표시하라.)

### 2.1.4 정답 코드 예시

1.
```
SELECT 28 + 891;
```

2.
```
SELECT 19 * 27 AS 'Result';
```

3.
```
SELECT
    37 + 172 AS Plus
    , 25 * 78 AS "Times"
    , "I love SQL!" AS 'Result'
    ;
```

## 2.2 FROM

### 2.2.1 데이터는 어디에 있을까?

FROM은 데이터가 저장된 위치를 알려 준다. 동료에게 원하는 정보가 기록된 엑셀 파일의 이름을 알려 주면 필요한 데이터를 찾을 수 있듯이, 데이터가 저장된 테이블의 이름을 컴퓨터에 알려 줘야 정확한 위치에서 데이터를 가져온다. FROM이 어떻게 작동하는지 코드를 직접 실행하며 이해해 보자.

## 2.2.2 따라 하며 이해하기

**Q1** 회원 정보 테이블 users에 있는 모든 데이터를 가져와서 출력해 보자.

```
SELECT *
    FROM users
    ;
```

결과화면

| | 123 id | RBC created_at | RBC username | RBC phone | RBC city | RBC postalcode | RBC country |
|---|---|---|---|---|---|---|---|
| 1 | 1 | [NULL] | dev@joecompany.com | 019-9431-9599 | [NULL] | [NULL] | [NULL] |
| 2 | 2 | 2010-10-01 19:01:29 | joejoe@joecompany.com | 019-8445-0497 | Seoul | 99301 | Korea |
| 3 | 3 | 2010-10-03 20:28:39 | inr01@never.com | 019-9997-1451 | New York | 49981 | USA |
| 4 | 4 | 2010-10-11 9:23:01 | fuxp76@never.com | 019-8799-8837 | Seoul | 98910 | Korea |
| 5 | 5 | 2010-10-23 10:39:05 | phk4938@never.com | 019-4688-7780 | Buenos Aires | 68306 | Argentina |
| 6 | 6 | 2010-10-23 11:01:59 | tuintumall@never.com | 019-8899-7005 | México D.F. | 67000 | Mexico |
| 7 | 7 | 2010-10-29 15:03:48 | ty+yunu@never.com | 019-9878-3936 | Bern | 28023 | Switzerland |

⊤ # 2.2 SELECT * FROM users ⌜⌝ *Enter a SQL expression to filter results (use Ctrl+Space)*

회원 정보가 모두 표시됐다. FROM 뒤에 적은 users는 실습 환경 설정 시 가져온 CSV 파일에 들어 있는 회원 정보 테이블인데, 이 테이블에 포함된 모든 데이터를 가져왔다.

제목 행에 적힌 컬럼명 id, created_at, username 등을 살펴보면 모의 온라인 쇼핑 사이트에 가입한 회원 정보임을 알 수 있다. users와 같이 데이터가 저장된 단위를 테이블이라고 부른다.

SELECT 뒤에 있는 별표 *는 '모든 컬럼을'이라는 뜻으로 위의 쿼리는 users 테이블에 있는 모든 컬럼의 정보를 가져다 달라는 의미이다. 별표(*)는 와일드카드[3] 기호로 '애스터리스크'라고도 부른다. 이러한 용어를 외우기보다는 *가 테이블의 모든 컬럼을 가리킨다는 뜻임을 기억하고 넘어가자.

---

3 와일드카드는 패턴 매칭에서 하나 이상의 문자를 대체할 수 있는 기호를 뜻한다. 패턴 매칭이란 문자열, 파일, 데이터 등에서 주어진 패턴이나 규칙에 맞는 부분을 찾아내는 과정이다. 예를 들어 *.txt 패턴은 모든 텍스트 파일을 찾는 데 사용된다.

**SQL 직독직해**

```
SELECT *
         ↳모든 컬럼
↳~를 보여 줘
    FROM users
            ↳users 테이블
    ↳~에서
    ;
```

users 테이블에 어떤 컬럼이 있는지 미리 알고 있으면 좋겠지만, 여기서는 users 테이블 데이터를 처음 불러오므로 때문에 어떤 컬럼이 있는지 알 수 없었다. 이럴 때 SELECT 뒤에 *라고 쓰고 불러오면 컬럼명을 일일이 적는 번거로운 과정 없이 모든 컬럼을 다 볼 수 있다.

**Q2 제품 정보 테이블 products에 있는 모든 데이터를 가져와서 출력해 보자.**

```sql
SELECT * FROM products;
```

결과화면

product 1 ×

SELECT * FROM product | Enter a SQL expression to filter results (use Ctrl+Space)

| | id | name | price | discount_price |
|---|---|---|---|---|
| 1 | 1 | Terrarossa Coffee Back | 18 | 15 |
| 2 | 2 | Mini Cheese Ball | 19 | 19 |
| 3 | 3 | Beanbrother's Coffee Pouch | 10 | 10 |
| 4 | 4 | Stabucks Drip Coffee | 22 | 22 |
| 5 | 5 | Organic Probiotics 100 Billion CFU | 21 | 21 |
| 6 | 6 | Grandma's Boysenberry Spread | 25 | 25 |
| 7 | 7 | Uncle Bob's Organic Dried Pears | 30 | 30 |

제품 정보가 들어 있는 products 테이블의 모든 컬럼(*)을 불러왔다. FROM에서 테이블 이름만 제대로 지정하면 해당 테이블에 어떤 데이터가 있는지 하나하나 확인할 수 있다.

앞서 users 테이블 정보를 모두 불러올 때와 다른 점을 눈치챘는가? 이전 SQL 쿼리에서는 SELECT 다음 FROM을 쓸 때 줄을 바꾸었던 반면, products 테이블을 불러오는 SQL 쿼리는 모두 한 줄에 작성했다. 줄 수와 모양은 다르지만 둘 다 모든 데이터를 불러오므로 기능은 같다.

컴퓨터는 SQL 쿼리를 입력받을 때 줄바꿈(enter)을 신경 쓰지 않고 모두 같은 기능으로 인식한다. 즉, 한 줄에 이어 쓰든 나눠 쓰든 상관없다는 뜻이다. 하지만 더 길고 복잡한 SQL 쿼리를 작성할 때는 읽기 쉽게 줄바꿈 하면 가독성을 높일 수 있다. 이후부터 명령어별로 줄바꿈과 들여쓰기[4]를 활용해 작성할 예정이다.

SELECT에서 모든 컬럼(*)을 불러오는 기능은 어떤 데이터 저장소를 처음 살펴볼 때 유용하다. 처음에는 어떤 컬럼이 있는지 알 수 없기 때문이다. 그럴 때 모든 컬럼을 먼저 불러온 뒤 해당 테이블의 컬럼명과 샘플 데이터를 살펴보면서 데이터를 전반적으로 파악할 수 있다. 하지만 테이블 내에 데이터가 너무 많이 들어 있어서 데이터를 모두 조회하기 어려울 때도 있다. 이럴 때는 어떻게 하면 좋을까?

**Q3** 제품 정보 테이블 products에서 첫 3행의 데이터만 가져와서 출력해 보자.

```
SELECT *
    FROM products
    LIMIT 3
    ;
```

결과화면

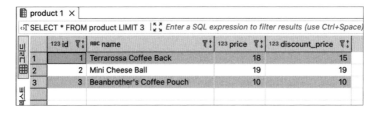

---

4 들여쓰기 역시 실행 여부에 영향을 미치지는 않지만 명령어 간 가독성을 높이기 위한 목적으로 사용된다.

앞서 작성한 products 테이블을 가져오는 쿼리의 맨 아랫줄에 LIMIT 명령어를 추가했더니 LIMIT에 적은 숫자만큼만 행이 출력됐다. 이 예제에서는 3행만 출력해야 하므로 LIMIT 뒤에 3이라고 적었다.

```
</> 가  SQL 직독직해

SELECT *
    FROM products
    LIMIT 3
         └→3행
    └→~까지만
    ;
```

지금까지 불러온 것처럼 어떤 테이블의 모든 정보를 조회하는 일을 '풀 스캔(full scan)'이라고 하는데, 특별한 상황이 아니라면 풀 스캔은 피해야 한다. 해당 테이블에 데이터가 많이 저장되어 있다면 컴퓨터가 일을 하다가 과부하가 걸려 멈추거나 내가 요청한 일을 하느라 다른 사용자의 요청을 제때 처리하지 못할 수도 있기 때문이다. 단순히 데이터를 파악하고 싶을 뿐이라면 쿼리의 마지막 줄에 LIMIT을 추가하여 일부 데이터만 가져와서 확인하는 습관을 들여보자.

 DB에 따라 LIMIT이 아닌 TOP 명령어를 사용하기도 한다. 따라서 데이터베이스에 맞는 명령어를 확인 후 사용해야 한다.

**Q4** 제품 정보 테이블 products에서 제품 아이디(id)와 제품명(name) 컬럼만 출력해 보자.

```
SELECT id, name
    FROM products
    ;
```

**결과화면**

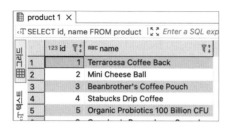

이번에는 SELECT 문에 표시할 컬럼명을 콤마(,)로 구분하여 적었다. 쿼리에 적
은 컬럼명에 해당하는 데이터만 불러와서 표시했다면 성공이다. 컬럼명을 정
확하게 적지 않으면 컴퓨터는 에러 메시지를 띄우므로 오타가 나지 않도록 유
의하자.

</> 가 **SQL 직독직해**

테이블을 처음 확인할 때에는 SELECT * FROM [테이블명] ; 쿼리로 전체 데이터를
확인하고, 이후에는 * 대신 원하는 컬럼명을 입력해 필요한 데이터만 조회하면
된다.

---

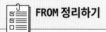 **FROM 정리하기**

✓ FROM은 "(테이블명)에서"라는 뜻이다.

✓ 테이블이란 개별 엑셀 내 시트처럼 RDB에서 데이터를 저장하는 단위이다.

✓ FROM 뒤에는 테이블명을 입력한다.

---

### 2.2.3 연습 문제

**1.** 주문 상세 정보 테이블 orderdetails를 모두 표시하라.

**2.** 회원 정보 테이블 users에서 상위 7건의 데이터만 표시하라.

3. 주문 정보 테이블 orders에서 주문 아이디(id), 회원 아이디(user_id), 주문일자(order_date) 컬럼의 데이터를 모두 표시하라.

### 2.2.4 정답 코드 예시

1.
```
SELECT *
    FROM orderdetails
    ;
```

2.
```
SELECT *
    FROM users
    LIMIT 7
    ;
```

3.
```
SELECT id, user_id, order_date
    FROM orders
    ;
```

## 2.3 WHERE

### 2.3.1 어떤 것을 고를까?

SELECT와 FROM으로 보여 줄 내용을 지정하고, 가져올 테이블을 알려 주었다. 하지만 현업에서는 데이터의 일부 컬럼을 가져오거나 상위 n건의 데이터를 확인하는 작업뿐만 아니라 어떤 컬럼의 값이 A인 데이터만 가져오는 등 좀 더 복잡한 쿼리를 작성할 일이 더 많다. 가령, 성별이 여성인 회원의 정보만 가져오거나 배송비가 무료인 주문 정보만 가져오고 싶을 수 있다. 이럴 때 필요한 문법이 WHERE이다. WHERE는 조건을 만족하는 데이터만 가져오도록 제한한다.

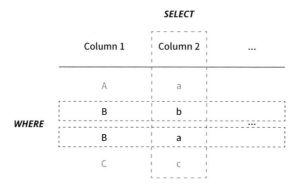

SELECT에서는 테이블의 세로 부분인 컬럼(열)을 원하는 대로 제어했다면, WHERE에서는 테이블의 가로 부분인 행을 제어한다. 앞으로 나올 SQL 코드를 통해 WHERE가 어떤 식으로 작동하는지 하나씩 살펴보자.

### 2.3.2 따라 하며 이해하기

**Q1** 회원 정보 테이블 users에서 거주 국가(country)가 한국(Korea)인 회원만 추출해 보자.

```sql
SELECT *
    FROM users
    WHERE country = "Korea"
    ;
```

결과화면

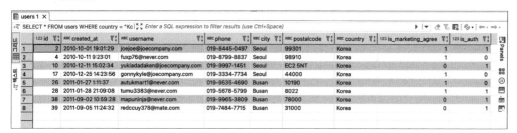

country 컬럼의 값이 Korea인 회원의 정보만 추출됐다. FROM 바로 뒤에 따라오는 WHERE에서 조건을 country = "Korea"[5]라고 설정해 Korea 값과 정확히 일치하는 행만 선별했다.

> **SQL 직독직해**
>
> ```
> SELECT  *
>     FROM users
>     WHERE country = "Korea"
>         ↳다음 조건에 해당하는    ↳country 컬럼 값이 "Korea"와 같다
>     ;
> ```

이처럼 WHERE는 컬럼명, 조건식(연산자), 조건 값을 순서대로 조합하여 어떤 행 데이터를 가져올지 지정한다. 데이터를 필터링하는 방법은 다양하며, 앞으로 차근차근 알아보자.

**Q2** 회원 정보 테이블 users에서 거주 국가(country)가 한국(Korea)이 아닌 회원만 추출해 보자.

```
SELECT *
    FROM users
    WHERE country != "Korea"
    ;
```

**결과화면**

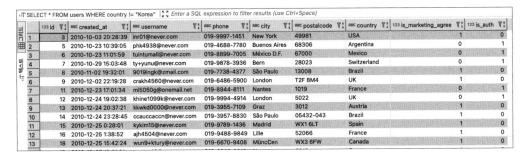

| | 123 id | ABC created_at | ABC username | ABC phone | ABC city | ABC postalcode | ABC country | 123 is_marketing_agree | 123 is_auth |
|---|---|---|---|---|---|---|---|---|---|
| 1 | 3 | 2010-10-03 20:28:39 | inr01@never.com | 019-9997-1451 | New York | 49981 | USA | 1 | 0 |
| 2 | 5 | 2010-10-23 10:39:05 | phk4938@never.com | 019-4688-7780 | Buenos Aires | 68306 | Argentina | 0 | 1 |
| 3 | 6 | 2010-10-23 11:01:59 | tuintumall@never.com | 019-8899-7005 | México D.F. | 67000 | Mexico | 0 | 1 |
| 4 | 7 | 2010-10-29 15:03:48 | ty+yunu@never.com | 019-9878-3936 | Bern | 28023 | Switzerland | 0 | 1 |
| 5 | 8 | 2010-11-02 19:32:01 | 9019ingk@zmail.com | 019-7738-4377 | São Paulo | 13008 | Brazil | 1 | 0 |
| 6 | 9 | 2010-12-02 22:19:28 | crakh4560@never.com | 019-6486-5900 | London | T2F 8M4 | UK | 1 | 0 |
| 7 | 11 | 2010-12-23 17:01:34 | ml5050g@onemail.net | 019-8944-8111 | Nantes | 1019 | France | 0 | 1 |
| 8 | 12 | 2010-12-24 19:02:38 | khine1099k@never.com | 019-9994-4914 | London | 5022 | Austria | 0 | 1 |
| 9 | 13 | 2010-12-24 20:37:21 | kkwkd0000@never.com | 019-3955-7109 | Graz | 3012 | Austria | 1 | 0 |
| 10 | 14 | 2010-12-24 23:28:45 | ccauccaccn@never.com | 019-3957-8830 | São Paulo | 05432-043 | Brazil | 1 | 0 |
| 11 | 15 | 2010-12-25 0:28:01 | kykim15@never.com | 019-9789-1436 | Madrid | WX1 6LT | Spain | 1 | 0 |
| 12 | 16 | 2010-12-25 1:38:52 | ajh4504@never.com | 019-9488-9849 | Lille | 52066 | France | 1 | 0 |
| 13 | 18 | 2010-12-25 15:42:24 | wun9+ktury@never.com | 019-6670-9408 | MüncCen | WX3 6FW | Canada | 1 | 0 |

---

5  문자열을 조건 값으로 사용하기 위해서는 작은따옴표(')  혹은 큰따옴표(")로 감싼다. 이때 사용한 따옴표 종류는 시작과 끝이 같아야 한다.

country 컬럼의 값이 Korea가 아닌 회원의 정보만 추출됐다.

**SQL 직독직해**

```
SELECT *
    FROM users
    WHERE country != "Korea"
              └→country 컬럼 값이 "Korea"가 아니다

    ;
```

앞의 예제에서는 =를 사용해 country 값이 Korea에 해당하는 정보만 가져오라는 조건을 걸었다면, 이번에는 ! 표기를 = 앞에 띄어쓰기 없이 붙여 반대 결과인 'Korea에 거주하지 않는' 회원의 정보를 추출했다.

**Q3** 회원 정보 테이블 users에서 거주 국가(country)가 한국(Korea)이면서 회원 아이디(id)가 10인 회원만 추출해 보자.

```
SELECT *
    FROM users
    WHERE country = "Korea" AND id = 10
    ;
```

**결과화면**

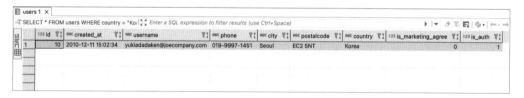

country 값은 Korea이고, id 값은 10인 데이터만 출력됐다. 앞선 쿼리들과 다르게 이번에는 조건이 두 가지 적용됐다.

```
</> 가  SQL 직독직해
```

```
SELECT *
    FROM users
    WHERE country = "Korea" AND id = 10
```
└→ 그리고  └→ id 컬럼 값이 10이다

└→ country 컬럼 값이 "Korea"이다

```
    ;
```

'한국에 거주 중이다'라는 조건 country = "Korea"와 '회원 아이디가 10번이다'라는 조건 id = 10[6]이 연달아 등장했다. '그리고'라는 뜻을 지닌 AND를 사이에 적어 두 조건 모두 참인 경우만 가져왔다. 이처럼 WHERE에서는 여러 조건을 동시에 적용할 수 있으며, 조건의 개수에는 제한이 없다.

- ▶ AND 연산자는 두 조건을 연결하여, 둘 다 참인 데이터를 조회한다.
- ▶ AND 연산자는 and처럼 대소문자를 가리지 않고 사용할 수 있다.

**Q4** 회원 정보 테이블 users에서 가입 일시(created_at)가 2010-12-01부터 2011-01-01까지인 회원 정보를 출력해 보자.

```
SELECT *
    FROM users
    WHERE created_at BETWEEN "2010-12-01" AND "2011-01-01"
    ;
```

결과화면

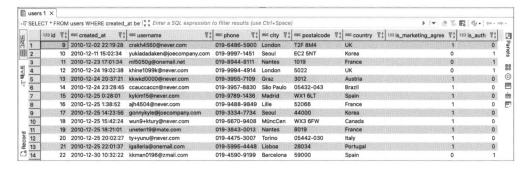

---

6  문자열 값과 달리 숫자 값은 따옴표로 감싸지 않고 그대로 적는다.

created_at 컬럼 값이 2010-12-01부터 2011-01-01까지인 데이터만 출력했다. BETWEEN 조건식을 사용해 날짜를 지정했다.

**</>가 SQL 직독직해**

```
SELECT *
    FROM users
    WHERE created_at BETWEEN "2010-12-01" AND "2011-01-01"
                        ↳ 사이에 있다
          ↳ created_at 컬럼 값이 다음과 같다
    ;
```

BETWEEN은 방금 사용한 것처럼 [컬럼명] BETWEEN [시작 날짜] AND [종료 날짜]와 같이 사용할 수 있다. 앞서 사용한 =나 !=와는 조금 다른 형태이며, 실제 쿼리 작성 시 날짜 조건을 적용할 때 자주 쓴다.

　BETWEEN은 [시작 날짜]와 [종료 날짜]를 포함한 그 사이 값을 조회한다. 다만 결과 화면을 보면 데이터상에서 created_at 컬럼의 값이 yyyy-MM-dd HH:MM:SS 형식으로 '시분초'까지 표기되어 있는데, "2010-12-01"과 같이 조건을 '년월일'까지만 작성하면 "2010-12-01 00:00:00"와 같이 시분초를 0으로 인식하여 계산한다.

▶ BETWEEN은 시작 값과 종료 값을 포함하는 범위 내의 데이터를 조회한다.

▶ BETWEEN으로 시간 값을 조회할 때는 [컬럼명] BETWEEN [시작 날짜] AND [종료 날짜]와 같이 사용하며, 시작 날짜와 종료 날짜를 포함한 값을 출력한다.

**Q5** 회원 정보 테이블 users에서 가입 일시(created_at)가 2010-12-01부터 2011-01-01까지인 회원 정보를 출력해 보자. (단, BETWEEN을 사용하지 않고 출력하자.)

```
SELECT *
    FROM users
    WHERE created_at >= "2010-12-01" AND created_at <= "2011-01-01"
    ;
```

| | 123 id | ᴬᴮᶜ created_at | ᴬᴮᶜ username | ᴬᴮᶜ phone | ᴬᴮᶜ city | ᴬᴮᶜ postalcode | ᴬᴮᶜ country | 123 is_marketing_agree | 123 is_auth |
|---|---|---|---|---|---|---|---|---|---|
| 1 | 9 | 2010-12-02 22:19:28 | crakh4560@never.com | 019-6486-5900 | London | T2F 8M4 | UK | 1 | 0 |
| 2 | 10 | 2010-12-11 15:02:34 | yukiadadaken@joecompany.com | 019-9997-1451 | Seoul | EC2 5NT | Korea | 0 | 1 |
| 3 | 11 | 2010-12-23 17:01:34 | ml5050g@onemail.net | 019-8944-8111 | Nantes | 1019 | France | 0 | 1 |
| 4 | 12 | 2010-12-24 19:02:38 | khine1099k@never.com | 019-9994-4914 | London | 5022 | UK | 0 | 1 |
| 5 | 13 | 2010-12-24 20:37:21 | kkwkd0000@never.com | 019-3955-7109 | Graz | 3012 | Austria | 1 | 0 |
| 6 | 14 | 2010-12-24 23:28:45 | ccauccaccn@never.com | 019-3957-8830 | São Paulo | 05432-043 | Brazil | 1 | 0 |
| 7 | 15 | 2010-12-25 0:28:01 | kykim15@never.com | 019-9789-1436 | Madrid | WX1 6LT | Spain | 1 | 0 |
| 8 | 16 | 2010-12-25 1:38:52 | ajh4504@never.com | 019-9488-9849 | Lille | 52066 | France | 1 | 0 |
| 9 | 17 | 2010-12-25 14:23:56 | gonnykyle@joecompany.com | 019-3334-7734 | Seoul | 44000 | Korea | 1 | 0 |
| 10 | 18 | 2010-12-25 15:42:24 | wun9+ktury@never.com | 019-6670-9408 | MüncCen | WX3 6FW | Canada | 1 | 0 |
| 11 | 19 | 2010-12-25 18:21:01 | uneten19@mate.com | 019-3843-0013 | Nantes | 8019 | France | 1 | 0 |
| 12 | 20 | 2010-12-25 20:02:27 | ty+yunu@never.com | 019-4475-3007 | Torino | 05442-030 | Italy | 1 | 0 |
| 13 | 21 | 2010-12-25 22:01:37 | igalleria@onemail.com | 019-5995-4448 | Lisboa | 28034 | Portugal | 1 | 0 |
| 14 | 22 | 2010-12-30 10:32:22 | kkman0196@zmail.com | 019-4590-9199 | Barcelona | 59000 | Spain | 0 | 1 |

BETWEEN 연산자를 사용한 결과와 같은 결과를 확인했다면 성공적으로 쿼리를 실행한 것이다. BETWEEN을 사용하지 않고 쿼리를 작성하면 컬럼명인 created_at 을 여러 번 작성해야 해서 번거롭다. WHERE에서 데이터를 필터링할 때 BETWEEN 을 사용하면 좀 더 간결한 쿼리로 날짜 범위를 필터링할 수 있다.

**◁/▷◁ 가 SQL 직독직해**

```
SELECT *
    FROM users
    WHERE created_at >= "2010-12-01" AND created_at <= "2011-01-01"
                     └~보다 크거나 같다              └~보다 작거나 같다
;
```

**Q6** 회원 정보 테이블 users에서 거주 국가(country)가 한국(Korea)이나 영국(UK), 또는 미국(USA)인 회원 정보만 추출해 보자.

```
SELECT *
    FROM users
    WHERE country = "Korea" OR country = "UK" OR country = "USA"
;
```

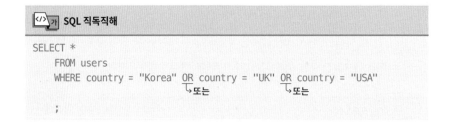

| | 123 id | created_at | username | phone | city | postalcode | country | is_marketing_agree | is_auth |
|---|---|---|---|---|---|---|---|---|---|
| 1 | 2 | 2010-10-01 19:01:29 | joejoe@joecompany.com | 019-8445-0497 | Seoul | 99301 | Korea | 1 | 1 |
| 2 | 3 | 2010-10-03 20:28:39 | inr01@never.com | 019-9997-1451 | New York | 49981 | USA | 1 | 0 |
| 3 | 4 | 2010-10-11 9:23:01 | fuxp76@never.com | 019-8799-8837 | Seoul | 98910 | Korea | 1 | 0 |
| 4 | 9 | 2010-12-02 22:19:28 | crakh4560@never.com | 019-6486-5900 | London | T2F 8M4 | UK | 1 | 0 |
| 5 | 10 | 2010-12-11 15:02:34 | yukiadadaken@joecompany.com | 019-9997-1451 | Seoul | EC2 5NT | Korea | 0 | 1 |
| 6 | 12 | 2010-12-24 19:02:38 | khine1099k@never.com | 019-9994-4914 | London | 5022 | UK | 0 | 1 |
| 7 | 17 | 2010-12-25 14:23:56 | gonnykyle@joecompany.com | 019-3334-7734 | Seoul | 44000 | Korea | 1 | 0 |
| 8 | 25 | 2011-01-25 0:03:29 | changane@never.com | 019-8898-9904 | Eugene | 44000 | USA | 0 | 1 |
| 9 | 26 | 2011-01-27 1:11:37 | autukmart1@never.com | 019-9535-4690 | Busan | 10190 | Korea | 1 | 0 |
| 10 | 28 | 2011-01-28 21:09:08 | tumu3383@never.com | 019-5678-5799 | Busan | 8022 | Korea | 1 | 1 |
| 11 | 30 | 2011-04-02 14:18:28 | hj+hk0893@never.com | 019-9616-7547 | Cowes | 97403 | UK | 0 | 1 |
| 12 | 35 | 2011-06-30 19:03:22 | ckdtjfgj@never.com | 019-9794-9494 | Walla Walla | 98128 | USA | 1 | 0 |
| 13 | 37 | 2011-07-29 10:01:28 | ccywunupt@never.com | 019-9794-9494 | San Francisc | 14776 | USA | 1 | 0 |
| 14 | 38 | 2011-09-02 10:59:28 | mapuninja@never.com | 019-9965-3809 | Busan | 78000 | Korea | 0 | 1 |

country 값이 Korea 또는 UK 또는 USA인 회원 데이터만 출력됐다.

### SQL 직독직해

```
SELECT *
    FROM users
    WHERE country = "Korea" OR country = "UK" OR country = "USA"
                          └ 또는               └ 또는
;
```

컴퓨터는 쿼리를 '한국(Korea)에 살거나 영국(UK)에 살거나 미국(USA)에 살고 있는 회원의 정보라면 모두 가져다 줘~'라고 해석한다. 조건 사이사이에 등장하는 OR는 앞서 등장한 AND 연산자와 같이 OR 연산자의 양 옆 조건을 연결하며 '둘 중 하나라도 참이면 조건을 만족한다'라는 뜻으로 사용된다.

여기서는 세 조건을 OR 연산자로 연결함으로써 세 국가에 거주하는 회원의 정보를 모두 가져올 수 있었다.

- ▶ OR 연산자는 두 가지 조건을 연결하여 둘 중 하나라도 참인 데이터를 조회한다.
- ▶ OR 혹은 or와 같이 대소문자를 가리지 않고 사용할 수 있다.
- ▶ AND와 OR 연산자 중 우선순위는 AND가 더 높다.[7]

---

7 WHERE 내에서 실행되는 순서가 더 빠르다는 뜻이다. 즉, AND와 OR 연산자가 동시에 쓰이면 AND 조건이 먼저 실행된다

**Q7** 회원 정보 테이블 users에서 거주 국가(country)가 한국(Korea)이나 영국(UK), 또는 미국(USA)인 회원 정보만 추출해 보자. (단, WHERE에서 country 컬럼명을 한 번만 사용하라.)

```sql
SELECT *
    FROM users
    WHERE country IN ("Korea", "UK", "USA")
    ;
```

결과화면

| | 123 id | 🔤 created_at | 🔤 username | 🔤 phone | 🔤 city | 🔤 postalcode | 🔤 country | 123 is_marketing_agree | 123 is_auth |
|---|---|---|---|---|---|---|---|---|---|
| 1 | 2 | 2010-10-01 19:01:29 | joejoe@joecompany.com | 019-8445-0497 | Seoul | 99301 | Korea | 1 | 1 |
| 2 | 3 | 2010-10-03 20:28:39 | inr01@never.com | 019-9997-1451 | New York | 49981 | USA | 1 | 0 |
| 3 | 4 | 2010-10-11 9:23:01 | fuxp76@never.com | 019-8799-8837 | Seoul | 98910 | Korea | 1 | 0 |
| 4 | 9 | 2010-12-02 22:19:28 | crakh4560@never.com | 019-6486-5900 | London | T2F 8M4 | UK | 1 | 0 |
| 5 | 10 | 2010-12-11 15:02:34 | yukiadadaken@joecompany.com | 019-9997-1451 | Seoul | EC2 5NT | Korea | 0 | 1 |
| 6 | 12 | 2010-12-24 19:02:38 | khine1099k@never.com | 019-9994-4914 | London | 5022 | UK | 0 | 1 |
| 7 | 17 | 2010-12-25 14:23:56 | gonnykyle@joecompany.com | 019-3334-7734 | Seoul | 44000 | Korea | 1 | 0 |
| 8 | 25 | 2011-01-25 0:03:29 | changane@never.com | 019-8898-9904 | Eugene | 44000 | USA | 0 | 1 |
| 9 | 26 | 2011-01-27 1:11:37 | autukmart1@never.com | 019-9535-4690 | Busan | 10190 | Korea | 1 | 0 |
| 10 | 28 | 2011-01-28 21:09:08 | tumu3383@never.com | 019-5678-5799 | Busan | 8022 | Korea | 1 | 1 |
| 11 | 30 | 2011-04-02 14:18:28 | hj+hk0893@never.com | 019-9616-7547 | Cowes | 97403 | UK | 0 | 1 |
| 12 | 35 | 2011-06-30 19:03:22 | ckdtjfgj@never.com | 019-9794-9494 | Walla Walla | 98128 | USA | 1 | 0 |
| 13 | 37 | 2011-07-29 10:01:28 | ccywunupt@never.com | 019-9794-9494 | San Francis | 14776 | USA | 1 | 0 |
| 14 | 38 | 2011-09-02 10:59:28 | mapuninja@never.com | 019-9965-3809 | Busan | 78000 | Korea | 0 | 1 |

위의 결과는 직전에 실행한 결과와 같다.

앞서 실행한 쿼리와 결과가 같지만 다른 점이 있다. IN 조건 연산자가 사용되었다는 점과 코드의 길이가 짧아졌다는 점이다. 앞서 OR를 사용했을 때 중복해서 작성했던 컬럼명을 한 번만 입력해도 된다. IN은 조건 연산자로, 소괄호 안에 한 개 이상의 조건 값을 콤마로 구분해 넣으면 컬럼 값이 그중 하나 이상과 일치하는 행을 조회한다. 괄호 안의 조건 값 개수에는 제한이 없다. 예제 쿼리를 예로 살펴보면 한국이나 영국, 미국 중에 한곳에라도 거주하는 회원 데이터는 조건을 만족하는 데이터이다.

```
SELECT *
    FROM users
    WHERE country IN ("Korea", "UK", "USA")
                       └→다음 중에 있는
    ;
```

▶ IN 연산자는 [컬럼명] IN ( [콤마로 구분된 한 개 이상의 조건 값] )의 형식으로 사용한다.

▶ 조건 값 중 하나라도 해당 컬럼의 값과 일치하면 해당 행의 데이터를 조회한다.

▶ 소괄호 안의 조건 값은 콤마로 구분되며 문자열이나 숫자 값이 올 수 있다.

**Q8** 회원 정보 테이블 users에서 거주 국가(country)가 한국(Korea)도, 영국(UK)도, 미국(USA)도 아닌 회원 정보만 추출해 보자. (단, WHERE에서 country 컬럼명을 한 번만 사용하라.)

```
SELECT *
    FROM users
    WHERE country NOT IN ("Korea", "UK", "USA")
    ;
```

**결과화면**

⌐T SELECT * FROM users WHERE country NOT IN ("Korea", " ⁙ Enter a SQL expression to filter results (use Ctrl+Space)

| | 123 id | ᴬᴮᶜ created_at | ᴬᴮᶜ username | ᴬᴮᶜ phone | ᴬᴮᶜ city | ᴬᴮᶜ postalcode | ᴬᴮᶜ country | 123 is_marketing_agree | 123 is_auth |
|---|---|---|---|---|---|---|---|---|---|
| 1 | 5 | 2010-10-23 10:39:05 | phk4938@never.com | 019-4688-7780 | Buenos Aires | 68306 | Argentina | 0 | 1 |
| 2 | 6 | 2010-10-23 11:01:59 | tuintumall@never.com | 019-8899-7005 | México D.F. | 67000 | Mexico | 0 | 1 |
| 3 | 7 | 2010-10-29 15:03:48 | ty+yunu@never.com | 019-9878-3936 | Bern | 28023 | Switzerland | 0 | 1 |
| 4 | 8 | 2010-11-02 19:32:01 | 9019ingk@zmail.com | 019-7738-4377 | São Paulo | 13008 | Brazil | 1 | 0 |
| 5 | 11 | 2010-12-23 17:01:34 | ml5050g@onemail.net | 019-8944-8111 | Nantes | 1019 | France | 0 | 1 |
| 6 | 13 | 2010-12-24 20:37:21 | kkwkd0000@never.com | 019-3955-7109 | Graz | 3012 | Austria | 1 | 0 |
| 7 | 14 | 2010-12-24 23:28:45 | ccauccaccn@never.com | 019-3957-8830 | São Paulo | 05432-043 | Brazil | 1 | 0 |
| 8 | 15 | 2010-12-25 0:28:01 | kykim15@never.com | 019-9789-1436 | Madrid | WX1 6LT | Spain | 1 | 0 |
| 9 | 16 | 2010-12-25 1:38:52 | ajh4504@never.com | 019-9488-9849 | Lille | 52066 | France | 1 | 0 |
| 10 | 18 | 2010-12-25 15:42:24 | wun9+ktury@never.com | 019-6670-9408 | MüncCen | WX3 6FW | Canada | 1 | 0 |
| 11 | 19 | 2010-12-25 18:21:01 | uneten19@mate.com | 019-3843-0013 | Nantes | 8019 | France | 1 | 0 |
| 12 | 20 | 2010-12-25 20:02:27 | ty+yunu@never.com | 019-4475-3007 | Torino | 05442-030 | Italy | 1 | 0 |
| 13 | 21 | 2010-12-25 22:01:37 | igalleria@onemail.com | 019-5995-4448 | Lisboa | 28034 | Portugal | 1 | 0 |

직전에 실행한 쿼리와 반대되는 결과가 출력되었다.

앞서 살펴보았던 != 연산자처럼 반대 조건을 지정하는 형태이다. 연산자 = 앞에 !를 붙이는 대신 IN 연산자 앞에 NOT을 붙여 부정 조건을 만들었다.

</> 가  SQL 직독직해

```
SELECT *
    FROM users
    WHERE country NOT IN ("Korea", "UK", "USA")
                  └다음 중에 있지 않은

    ;
```

**Q9** 회원 정보 테이블 users에서 거주 국가(country) 이름이 S로 시작하는 회원 정보만 추출해 보자.

```
SELECT *
    FROM users
    WHERE country LIKE "S%"
        ;
```

결과화면

| | 123 id | RBC created_at | RBC username | RBC phone | RBC city | RBC postalcode | RBC country | 123 is_marketing_agree | 123 is_auth |
|---|---|---|---|---|---|---|---|---|---|
| 1 | 7 | 2010-10-29 15:03:48 | ty+yunu@never.com | 019-9878-3936 | Bern | 28023 | Switzerland | 0 | 1 |
| 2 | 15 | 2010-12-25 0:28:01 | kykim15@never.com | 019-9789-1436 | Madrid | WX1 6LT | Spain | 1 | 0 |
| 3 | 22 | 2010-12-30 10:32:22 | kkman0196@zmail.com | 019-4590-9199 | Barcelona | 59000 | Spain | 0 | 1 |
| 4 | 23 | 2011-01-23 10:19:20 | ktk1009@never.com | 019-3133-4989 | Sevilla | S-844 67 | Spain | 0 | 1 |
| 5 | 57 | 2012-12-14 12:01:28 | marco@joecompany.com | 019-4993-9874 | Madrid | 1307 | Spain | 1 | 0 |
| 6 | 60 | 2012-12-28 19:02:38 | fitnekkkture@never.com | 019-9331-5914 | Genève | 05487-020 | Switzerland | 1 | 0 |
| 7 | 61 | 2012-12-31 20:37:21 | dmktn9595@never.com | 019-3897-9389 | Madrid | 1307 | Spain | 1 | 0 |

country 값이 S로 시작하는 회원 정보만 출력됐다.

기존에 사용한 =와 != 연산자는 컬럼 값이 조건 값과 정확히 일치하는 값만 가져올 수 있었다. 하지만 현실 데이터는 매우 다양하고, 정확히 어떤 값인지 알 수 없는 경우도 많아 =와 !=만으로 모든 조건을 필터링하기는 어렵다.

이때 LIKE는 매우 유용하다. WHERE에 조건문을 작성할 때 일부 패턴에 일치하는 데이터만 검색해서 볼 수 있기 때문이다. 실생활에서 맛집 이름을 찾고 싶은데 첫 글자만 기억나거나 할 때 LIKE 연산자를 활용하면 된다.

LIKE 뒤의 작은따옴표/큰따옴표 내에서는 와일드카드를 사용할 수 있다. SQL을 해석하는 컴퓨터가 LIKE라는 코드를 읽는 순간부터 '이 뒤에는 와일드카드가 등장하겠군.' 하고 생각하는 것이다.

와일드카드에서 %는 0개 이상의 임의의 문자열을 의미하는 메타 문자로 사용된다. 그렇기 때문에 S%는 'S로 시작하고 뒤에는 0개 이상의 문자열이 등장하는 값'을 의미하게 된다. 다른 SQL LIKE 패턴 매칭 메타 문자로는 _(한 개의 임의의 문자를 나타냄)와 []((대괄호 안의 문자 집합 중 일치하는 1개의 문자를 나타냄) 등이 있다.

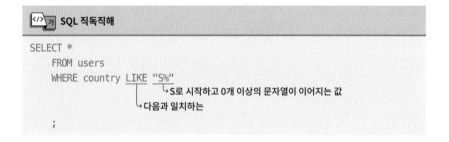

패턴 매칭에 대해 더 자세히 알고 싶다면, 온라인에 '와일드카드'를 검색하여 필요한 패턴이 무엇인지 찾아보자.

▶ SQL의 LIKE 연산자는 패턴 매칭 필터링을 가능하게 해 준다.

▶ LIKE 연산자는 [컬럼명] LIKE [와일드카드] 형식으로 작성한다.

▶ 대/소문자를 구분하지 않고 사용할 수 있다.

▶ %는 0개 이상의 임의의 문자열 패턴을 의미하는 메타 문자이다.

▶ _는 임의의 문자 한 개를 의미하는 메타 문자이다.

▶ [ ]는 문자 집합을 의미하는 메타 문자이다.

**Q10** 회원 정보 테이블 users에서 거주 국가(country) 이름이 S로 시작하지 않는 회원 정보만 추출해 보자.

```
SELECT *
    FROM users
    WHERE country NOT LIKE "S%"
    ;
```

결과화면

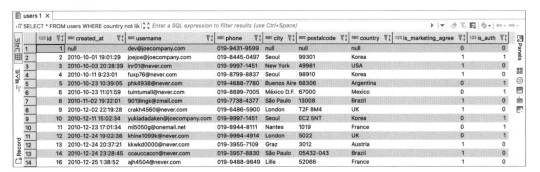

country 값이 S로 시작하지 않는 회원 정보만 조회됐다. LIKE 조건 연산자 역시 앞에 NOT 키워드를 붙이면 부정 조건을 만들 수 있다.

**SQL 직독직해**

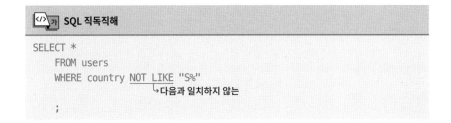

**Q11** 회원 정보 테이블 users에서 가입 일시(created_at) 컬럼 값이 null인 결과만 출력해 보자.

```sql
SELECT *
    FROM users
    WHERE created_at IS null
    ;
```

**결과화면**

| 123 id | ABC created_at | ABC username | ABC phone | ABC city | ABC postalcode | ABC country | 123 is_marketing_agree | 123 is_auth |
|---|---|---|---|---|---|---|---|---|
| 1 | [NULL] | dev@joecompany.com | 019-9431-9599 | [NULL] | [NULL] | [NULL] | 0 | 0 |

created_at 값이 null인 회원 정보만 조회됐다.[8]

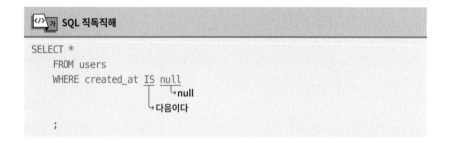

쿼리는 성공적으로 실행했지만 의문이 남는다. null이란 무엇일까? null은 직역하면 '아무것도 없는' 정도로 해석할 수 있다. null은 비단 SQL뿐 아니라 프로그래밍 언어에서 널리 쓰이는 값으로, '값이 없는 상태'를 말한다. null 값은 0이나 공백 문자('')를 의미하지 않는다. 아무런 값도 없는 상태라는 뜻이며, 실제 데이터베이스에도 흔히 존재한다.

---

8  null 값이 데이터에 잘 반영되지 않았다면 1장에서 처음 실습 데이터를 테이블에 가져올 때 공백을 null로 치환하는 옵션을 체크하지 않았을 수도 있다. 1.3.2절 '디비버 설치 및 실습 데이터 설정 가이드'를 참고하여 데이터를 다시 불러오자.

null은 0도 아니고 공백 문자('')[9]도 아니므로 어떤 조건 값으로도 조회할 수 없다. 이러한 null 값을 필터링하는 데 쓰는 조건 연산자가 바로 IS이다. 컬럼 내의 null 값을 필터링할 때는 IS 연산자가 사용된다.

▶ null 값을 필터링할 때에는 IS 연산자가 사용된다.

▶ IS 연산자는 대/소문자 구분 없이 사용 가능하다.

**Q12** 회원 정보 테이블 users에서 가입 일시(created_at) 컬럼 값이 null이 아닌 결과만 출력해 보자.

```
SELECT *
    FROM users
    WHERE created_at IS NOT null
    ;
```

결과화면

created_at 값이 null이 아닌 회원 정보만 조회됐다. IS 연산자에 부정 조건을 추가할 때는 영어의 어순대로 NOT 조건이 IS 뒤에 위치한다.

---

9  공백 문자는 글자나 기호가 아닌 공간을 나타내는 문자로, 데이터 타입이 문자열로 분류되는 반면 null은 어떤 타입도 아닌 '값 없음' 상태이다.

```
SELECT *
    FROM users
    WHERE created_at IS NOT null
                                 ↳null
                     ↳다음이 아니다

    ;
```

---

### WHERE 정리하기

✓ WHERE는 조건을 만족하는 데이터만 가져오도록 제한한다.

✓ FROM이 끝난 뒤에 위치한다.

✓ WHERE를 사용하여 필터링하면 조건에 맞는 행만 선택되어 출력된다. 즉, 가로축에 해당하는 행 단위로 필터링이 적용되며, WHERE를 통해 조건을 지정하면 해당 조건에 부합하는 행만 결과로 출력된다.

✓ [컬럼명] [연산자] [조건 값]을 순서대로 입력한다.

✓ 한 가지 이상의 조건을 개수 제한 없이 동시에 사용할 수 있으며, 개별 조건을 연결할 때는 논리 연산자[10]인 AND/OR를 사용한다.

## 2.3.3 연습 문제

1.  회원 정보 테이블 users에서 거주 국가(country)가 멕시코(Mexico)인 회원의 정보를 추출하라. 단, 가입 일시(created_at), 연락처(phone), 거주 도시(city), 거주 국가(country) 컬럼만 추출하라.

2.  제품 정보 테이블 orders에서 제품 아이디(id)가 20 이하이고, 정상 가격(price)은 30 이상인 제품의 정보를 추출하라. 단, 기존 컬럼을 모두 출력하고, 그리고 정상 가격에서 얼마나 할인되었는지(price − discount_price)를 discount_amount라는 컬럼명으로 추가하라.

---

[10] 논리 연산자란 여러 조건을 조합하여 하나의 조건으로 평가하기 위한 연산자로 AND 연산자는 모든 조건이 참인 경우 전체 조건이 참이 되고, OR 연산자는 하나 이상의 조건이 참일 경우 전체 조건이 참이 된다.

3. 회원 정보 테이블 users에서 거주 국가(country)가 한국(Korea)도, 캐나다 (Canada)도, 벨기에(Belgium)도 아닌 회원의 정보를 모두 추출하라. (OR 연산자를 사용하지 않고 출력하라.)

4. 제품 정보 테이블 products에서 제품명(name)이 N으로 시작하는 제품의 정보를 추출하라. 단, 제품 아이디(id), 제품명(name), 정상 가격(price) 컬럼만 추출하라.

5. 주문 정보 테이블 orders에서 주문 일자(order_date)가 2015-07-01부터 2015-10-31까지가 아닌 정보만 추출하라.

### 2.3.4 정답 코드 예시

1.
```
SELECT created_at, phone, city, country
    FROM users
    WHERE country = "Mexico"
    ;
```

2.
```
SELECT *, (price - discount_price) AS discount_amount
    FROM products
    WHERE id <= 20 AND price >= 30
    ;
```

3.
```
SELECT *
    FROM users
    WHERE country !="Korea" AND country != "Canada" AND country !=
        "Belgium"
    ;
```

또는

```
SELECT *
    FROM users
    WHERE country NOT IN ("Korea", "Canada", "Belgium")
    ;
```

```
4.  SELECT id, name, price
       FROM products
       WHERE name LIKE "N%"
       ;
```

```
5.  SELECT *
       FROM orders
       WHERE order_date NOT BETWEEN "2015-07-01" AND "2015-10-31"
       ;
```

## 2.4 ORDER BY

### 2.4.1 어떤 순서로 볼까?

WHERE를 사용해 조건에 맞는 데이터만 가져오는 방법을 알아보았다. 보고 싶은 데이터만 골라 볼 수는 있지만 이미 저장된 순서대로 정렬된 결과만 볼 수 있었다. 만약 날짜순으로 되어 있는 데이터를 회원 이름 순서대로 바꿔서 보고 싶다면 어떻게 해야 할까?

이 절에서는 가져온 데이터를 원하는 순서대로 정렬하는 방법을 알아보자. 순서대로 정렬하는 방법에는 데이터 타입별로 두 가지 방법이 있다. 문자를 ABC처럼 오름차순으로 정렬하거나 ZYX처럼 내림차순으로 정렬하는 방법과, 숫자를 123처럼 오름차순으로 정렬하거나 987처럼 내림차순으로 정렬하는 방법이다.

SQL 코드를 직접 입력하며 ORDER BY가 어떤 식으로 작동하는지 하나씩 살펴보자.

## 2.4.2 따라 하며 이해하기

**Q1** 회원 정보 테이블 users에서 회원 아이디(id) 기준으로 오름차순 정렬하여 출력해 보자.

```sql
SELECT *
    FROM users
    ORDER BY id ASC
    ;
```

**결과화면**

‹T'SELECT * FROM users ORDER BY id ASC | ⌄⌃ Enter a SQL expression to filter results (use Ctrl+Space)

| | 123 id | ABC created_at | ABC username | ABC phone | ABC city | ABC postalcode | ABC country | 123 is_marketing_agree | 123 is_auth |
|---|---|---|---|---|---|---|---|---|---|
| 1 | 1 | [NULL] | dev@joecompany.com | 019-9431-9599 | [NULL] | [NULL] | [NULL] | 0 | 0 |
| 2 | 2 | 2010-10-01 19:01:29 | joejoe@joecompany.com | 019-8445-0497 | Seoul | 99301 | Korea | 1 | 1 |
| 3 | 3 | 2010-10-03 20:28:39 | inr01@never.com | 019-9997-1451 | New York | 49981 | USA | 1 | 0 |
| 4 | 4 | 2010-10-11 9:23:01 | fuxp76@never.com | 019-8799-8837 | Seoul | 98910 | Korea | 1 | 0 |
| 5 | 5 | 2010-10-23 10:39:05 | phk4938@never.com | 019-4688-7780 | Buenos Aires | 68306 | Argentina | 0 | 1 |
| 6 | 6 | 2010-10-23 11:01:59 | tuintumall@never.com | 019-8899-7005 | México D.F. | 67000 | Mexico | 0 | 1 |
| 7 | 7 | 2010-10-29 15:03:48 | ty+yunu@never.com | 019-9878-3936 | Bern | 28023 | Switzerland | 0 | 1 |
| 8 | 8 | 2010-11-02 19:32:01 | 9019ingk@zmail.com | 019-7738-4377 | São Paulo | 13008 | Brazil | 1 | 0 |
| 9 | 9 | 2010-12-02 22:19:28 | crakh4560@never.com | 019-6486-5900 | London | T2F 8M4 | UK | 1 | 0 |
| 10 | 10 | 2010-12-11 15:02:34 | yukiadadaken@joecompany.co | 019-9997-1451 | Seoul | EC2 5NT | Korea | 0 | 1 |
| 11 | 11 | 2010-12-23 17:01:34 | ml5050g@onemail.net | 019-8944-8111 | Nantes | 1019 | France | 0 | 1 |

id 컬럼 기준 오름차순으로 정렬된 결과가 나왔다. ORDER BY 맨 끝에 사용된 ASC는 오름차순(ascending)을 나타내는 약어이며, ASC를 밝혀 적지 않아도 기본적으로 오름차순이 적용된다. ASC를 빼고 한번 실행해 보자. 같은 결과가 나올 것이다.

> **</> SQL 직독직해**
>
> ```sql
> SELECT *
>     FROM users
>     ORDER BY id ASC
>                  ↳ 오름차순
>              ↳ id 컬럼
>     ↳ 다음 순서대로
>     ;
> ```

이때 결과는 ORDER BY를 쓰지 않았을 때와 결과가 같은데 회원 정보 테이블이 이미 id 컬럼을 기준으로 오름차순 정렬된 상태이기 때문이다.

**Q2** 회원 정보 테이블 users에서 회원 아이디(id) 기준으로 내림차순 정렬하여 출력해 보자.

```
SELECT *
    FROM users
    ORDER BY id DESC
    ;
```

**결과화면**

| | 123 id | ᴬᴮᶜ created_at | ᴬᴮᶜ username | ᴬᴮᶜ phone | ᴬᴮᶜ city | ᴬᴮᶜ postalcode | ᴬᴮᶜ country | 123 is_marketing_agree | 123 is_auth |
|---|---|---|---|---|---|---|---|---|---|
| 1 | 77 | 2013-12-31 20:08:27 | lwj3131@never.com | 019-4399-0859 | Reims | 90110 | France | 1 | 1 |
| 2 | 76 | 2013-10-20 19:03:22 | dcc1889@never.com | 019-3619-5191 | Lyon | 70563 | France | 1 | 0 |
| 3 | 75 | 2013-08-15 19:02:31 | gnk1995@never.com | 019-8776-0880 | ÂrCus | 51100 | Denmark | 1 | 0 |
| 4 | 74 | 2013-07-10 18:02:01 | fifayuu575@never.com | 019-3085-8541 | Kirkland | 69004 | USA | 1 | 0 |
| 5 | 73 | 2013-07-07 16:28:42 | aenucqq@zmail.com | 019-7701-7950 | São Paulo | 8200 | Brazil | 0 | 1 |
| 6 | 72 | 2013-05-22 15:45:54 | ccuniegagu@never.com | 019-9934-9096 | México D.F. | 98034 | Mexico | 1 | 1 |
| 7 | 71 | 2013-04-02 14:18:28 | jhc6733@onemail.net | 019-5093-8930 | Münster | 05634-030 | Canada | 0 | 1 |
| 8 | 70 | 2013-03-30 13:02:28 | jjkh4903@never.com | 019-7774-5116 | Butte | 5033 | USA | 1 | 0 |
| 9 | 69 | 2013-03-18 22:01:37 | lee++chan@mate.com | 019-5818-4800 | Portland | 44087 | USA | 1 | 1 |
| 10 | 68 | 2013-02-27 20:02:27 | miumiu0501@never.com | 019-4841-9198 | CCarleroi | 59801 | Belgium | 1 | 1 |

users 테이블에서 id 컬럼을 기준으로 내림차순 정렬된 결과를 확인했다면 DESC 조건이 제대로 적용된 것이다. 첫 번째 컬럼인 id의 값을 살펴보면 가장 큰 값인 77부터 역순으로, 즉 내림차순(descending)으로 정렬되어 있다.

**</>가 SQL 직독직해**

```
SELECT *
    FROM users
    ORDER BY id DESC
                  └→내림차순

    ;
```

▶ ORDER BY는 컬럼을 기준으로 행 데이터를 오름차순(ASC) 또는 내림차순(DESC)으로 정렬한다.

▶ ORDER BY [기준 컬럼] [ASC 또는 DESC]의 형식으로 사용한다.

**Q3** 회원 정보 테이블 users에서 거주 도시(city) 기준으로 오름차순 정렬하여 출력해 보자.

```
SELECT *
    FROM users
    ORDER BY city ASC
    ;
```

결과화면

| | 123 id | ABC created_at | ABC username | ABC phone | ABC city | ABC postalcode | ABC country | 123 is_marketing_agree | 123 is_auth |
|---|---|---|---|---|---|---|---|---|---|
| 1 | 1 | [NULL] | dev@joecompany.com | 019-9431-9599 | [NULL] | [NULL] | [NULL] | 0 | 0 |
| 2 | 47 | 2012-05-01 13:02:28 | kkhhgg3001@mate.com | 019-3878-1167 | AncCorage | 24100 | USA | 1 | 0 |
| 3 | 75 | 2013-08-15 19:02:31 | gnk1995@never.com | 019-8776-0880 | ÅrCus | 51100 | Denmark | 1 | 0 |
| 4 | 22 | 2010-12-30 10:32:22 | kkman0196@zmail.com | 019-4590-9199 | Barcelona | 59000 | Spain | 0 | 1 |
| 5 | 41 | 2011-10-10 13:02:38 | kikkikhan@next.net | 019-8876-6666 | Bergamo | 99362 | Italy | 1 | 1 |
| 6 | 7 | 2010-10-29 15:03:48 | ty+yunu@never.com | 019-9878-3936 | Bern | 28023 | Switzerland | 0 | 1 |
| 7 | 63 | 2013-01-11 0:28:01 | kkg1661@never.com | 019-4993-9874 | Boise | 1734 | USA | 0 | 1 |
| 8 | 31 | 2011-04-29 15:45:54 | daeun91199@never.com | 019-9811-9968 | Brandenburg | 1081 | Canada | 1 | 1 |
| 9 | 42 | 2011-11-12 13:31:41 | juunrae79@never.com | 019-4935-1470 | Bruxelles | 60528 | Belgium | 1 | 1 |
| 10 | 5 | 2010-10-23 10:39:05 | phk4938@never.com | 019-4688-7780 | Buenos Aires | 68306 | Argentina | 0 | 1 |
| 11 | 46 | 2012-03-12 20:07:28 | superscott@joecompany.com | 019-6394-7994 | Buenos Aires | 97219 | Argentina | 1 | 0 |

users 테이블의 city 컬럼의 값을 오름차순으로 정렬하는 쿼리를 작성하여 실행했다. city 컬럼을 살펴보면 도시 이름이 알파벳순(ABC…)으로 정렬되어 있음을 확인할 수 있다.

이처럼 오름차순 정렬하는 쿼리는 숫자를 123… 순서로 정렬하며, 문자를 ABC… 순서로 정렬한다. 컴퓨터는 문자를 어떻게 정렬하는 것일까? 컴퓨터는 아스키 코드(ASCII Code)[11]와 같은 표준 부호 체계를 기준으로 문자를 다룬다. 아스키 코드는 컴퓨터가 문자를 인식하기 위해 개별 문자에 숫자 값을 매핑해놓은 하나의 약속인데, 알파벳은 ABC 순서로 아스키 코드 숫자가 매핑되어 있어, 문자도 우리에게 익숙한 순서로 정렬할 수 있다.

---

[11] 아스키 코드 공식 문서(https://www.ascii-code.com/)에서 더 많은 정보를 확인할 수 있다.

**Q4** 회원 정보 테이블 users에서 거주 도시(city) 기준으로 내림차순 정렬하여 출력해 보자.

```
SELECT *
    FROM users
    ORDER BY city DESC
    ;
```

결과화면

| | 123 id | created_at | username | phone | city | postalcode | country | 123 is_marketing_agree | 123 is_auth |
|---|---|---|---|---|---|---|---|---|---|
| 1 | 35 | 2011-06-30 19:03:22 | ckdtjfgj@never.com | 019-9794-9494 | Walla Walla | 98128 | USA | 1 | 0 |
| 2 | 32 | 2011-05-01 16:28:42 | p8543x@never.com | 019-9616-7547 | Versailles | 05454-876 | France | 1 | 1 |
| 3 | 34 | 2011-06-28 19:02:31 | jaewun306@never.com | 019-7709-8716 | Vancouver | 97827 | Canada | 1 | 0 |
| 4 | 33 | 2011-05-04 18:02:01 | kh-mall@never.com | 019-9811-9968 | Toulouse | 5022 | France | 1 | 0 |
| 5 | 20 | 2010-12-25 20:02:27 | ty+yunu@never.com | 019-4475-3007 | Torino | 05442-030 | Italy | 0 | 1 |
| 6 | 62 | 2012-12-31 23:28:45 | dnjkdi@mate.com | 019-7738-0875 | Stavern | 1019 | Norway | 0 | 1 |
| 7 | 23 | 2011-01-23 10:19:20 | ktk1009@never.com | 019-3133-4989 | Sevilla | S-844 67 | Spain | 0 | 1 |
| 8 | 2 | 2010-10-01 19:01:29 | joejoe@joecompany.com | 019-8445-0497 | Seoul | 99301 | Korea | 1 | 1 |
| 9 | 4 | 2010-10-11 9:23:01 | fuxp76@never.com | 019-8799-8837 | Seoul | 98910 | Korea | 1 | 0 |
| 10 | 10 | 2010-12-11 15:02:34 | yukiadadaken@joecompany.com | 019-9997-1451 | Seoul | EC2 5NT | Korea | 0 | 1 |

users 테이블의 city 컬럼을 기준으로 내림차순 정렬했다. 알파벳 역순(ZYX…)으로 정렬되어 도시명이 Walla Walla인 행이 맨 처음 등장한다.

**Q5** 회원 정보 테이블 users에서 가입 일시(created_at) 기준으로 오름차순 정렬하여 출력해 보자.

```
SELECT *
    FROM users
    ORDER BY created_at ASC
    ;
```

결과화면

| | 123 id | created_at | username | phone | city | postalcode | country | 123 is_marketing_agree | 123 is_auth |
|---|---|---|---|---|---|---|---|---|---|
| 1 | 1 | [NULL] | dev@joecompany.com | 019-9431-9599 | [NULL] | [NULL] | [NULL] | 1 | 1 |
| 2 | 2 | 2010-10-01 19:01:29 | joejoe@joecompany.com | 019-8445-0497 | Seoul | 99301 | Korea | 1 | 1 |
| 3 | 3 | 2010-10-03 20:28:39 | inr01@never.com | 019-9997-1451 | New York | 49981 | USA | 1 | 0 |
| 4 | 4 | 2010-10-11 9:23:01 | fuxp76@never.com | 019-8799-8837 | Seoul | 98910 | Korea | 1 | 0 |
| 5 | 5 | 2010-10-23 10:39:05 | phk4938@never.com | 019-4688-7780 | Buenos Aires | 68306 | Argentina | 0 | 1 |
| 6 | 6 | 2010-10-23 11:01:59 | tuintumall@never.com | 019-8899-7005 | México D.F. | 67000 | Mexico | 0 | 1 |
| 7 | 7 | 2010-10-29 15:03:48 | ty+yunu@never.com | 019-9878-3936 | Bern | 28023 | Switzerland | 0 | 1 |
| 8 | 8 | 2010-11-02 19:32:01 | 9019ingk@zmail.com | 019-7738-4377 | São Paulo | 13008 | Brazil | 1 | 0 |
| 9 | 9 | 2010-12-02 22:19:28 | crakh4560@never.com | 019-6486-5900 | London | T2F 8M4 | UK | 1 | 0 |
| 10 | 10 | 2010-12-11 15:02:34 | yukiadadaken@joecompany.co | 019-9997-1451 | Seoul | EC2 5NT | Korea | 0 | 1 |
| 11 | 11 | 2010-12-23 17:01:34 | ml5050g@onemail.net | 019-8944-8111 | Nantes | 1019 | France | 0 | 1 |

users 테이블의 created_at을 기준으로 오름차순 정렬했다. 가입 시점이 오래된 데이터부터 순서대로 정렬되었으면 정상적으로 실행한 것이다.

이는 ORDER BY 없이 수행한 쿼리와 결과가 같다. users 테이블에는 데이터가 시간 순서대로 저장되어 있었기 때문에 ORDER BY 적용 전에도 created_at 컬럼 기준으로 오름차순 정렬된 결과가 나온 것이다. 하지만 실제 데이터가 저장된 테이블을 다룰 때는 일부 데이터만 보고 모든 데이터가 순서대로 정렬되어 있다고 간주해선 안 된다. ORDER BY로 정렬 로직을 적용하고 데이터를 확인하자.

**Q6** 회원 정보 테이블 users에서 가입 일시(created_at) 기준으로 내림차순 정렬하여 출력해 보자.

```
SELECT *
    FROM users
    ORDER BY created_at DESC
    ;
```

**결과화면**

| | 123 id | ABC created_at | ABC username | ABC phone | ABC city | ABC postalcode | ABC country | 123 is_marketing_agree | 123 is_auth |
|---|---|---|---|---|---|---|---|---|---|
| 1 | 77 | 2013-12-31 20:08:27 | lwj3131@never.com | 019-4399-0859 | Reims | 90110 | France | 1 | 1 |
| 2 | 76 | 2013-10-20 19:03:22 | dcc1889@never.com | 019-3619-5191 | Lyon | 70563 | France | 1 | 0 |
| 3 | 75 | 2013-08-15 19:02:31 | gnk1995@never.com | 019-8776-0880 | ÅrCus | 51100 | Denmark | 1 | 0 |
| 4 | 74 | 2013-07-10 18:02:01 | fifayuu575@never.com | 019-3085-8541 | Kirkland | 69004 | USA | 1 | 0 |
| 5 | 73 | 2013-07-07 16:28:42 | aenucqq@zmail.com | 019-7701-7950 | São Paulo | 8200 | Brazil | 0 | 1 |
| 6 | 72 | 2013-05-22 15:45:54 | ccuniegagu@never.com | 019-9934-9096 | México D.F. | 98034 | Mexico | 1 | 1 |
| 7 | 71 | 2013-04-02 14:18:28 | jhc6733@onemail.net | 019-5093-8930 | Münster | 05634-030 | Canada | 0 | 1 |
| 8 | 70 | 2013-03-30 13:02:28 | jjkh4903@never.com | 019-7774-5116 | Butte | 5033 | USA | 1 | 0 |
| 9 | 69 | 2013-03-18 22:01:37 | lee++chan@mate.com | 019-5818-4800 | Portland | 44087 | USA | 1 | 1 |
| 10 | 68 | 2013-02-27 20:02:27 | miumiu0501@never.com | 019-4841-9198 | CCarleroi | 59801 | Belgium | 1 | 1 |

이번에는 users 테이블의 created_at 컬럼을 기준으로 내림차순 정렬했다. 최근에 가입한 회원부터 순서대로 정렬된 테이블이 보이면 정상적으로 실행한 것이다.

**Q7** 회원 정보 테이블 users에서 첫 번째 컬럼 기준으로 오름차순 정렬하여 출력해
보자.

```
SELECT *
    FROM users
    ORDER BY 1 ASC
    ;
```

결과화면

| | 123 id | ᴿᴮᶜ created_at | ᴿᴮᶜ username | ᴿᴮᶜ phone | ᴿᴮᶜ city | ᴿᴮᶜ postalcode | ᴿᴮᶜ country | 123 is_marketing_agree | 123 is_auth |
|---|---|---|---|---|---|---|---|---|---|
| 1 | 1 | [NULL] | dev@joecompany.com | 019-9431-9599 | [NULL] | [NULL] | [NULL] | 0 | 0 |
| 2 | 2 | 2010-10-01 19:01:29 | joejoe@joecompany.com | 019-8445-0497 | Seoul | 99301 | Korea | 1 | 1 |
| 3 | 3 | 2010-10-03 20:28:39 | inr01@never.com | 019-9997-1451 | New York | 49981 | USA | 1 | 0 |
| 4 | 4 | 2010-10-11 9:23:01 | fuxp76@never.com | 019-8799-8837 | Seoul | 98910 | Korea | 1 | 0 |
| 5 | 5 | 2010-10-23 10:39:05 | phk4938@never.com | 019-4688-7780 | Buenos Aires | 68306 | Argentina | 0 | 1 |
| 6 | 6 | 2010-10-23 11:01:59 | tuintumall@never.com | 019-8899-7005 | México D.F. | 67000 | Mexico | 0 | 1 |
| 7 | 7 | 2010-10-29 15:03:48 | ty+yunu@never.com | 019-9878-3936 | Bern | 28023 | Switzerland | 0 | 1 |
| 8 | 8 | 2010-11-02 19:32:01 | 9019ingk@zmail.com | 019-7738-4377 | São Paulo | 13008 | Brazil | 0 | 0 |
| 9 | 9 | 2010-12-02 22:19:28 | crakh4560@never.com | 019-6486-5900 | London | T2F 8M4 | UK | 1 | 0 |
| 10 | 10 | 2010-12-11 15:02:34 | yukiadadaken@joecompany.com | 019-9997-1451 | Seoul | EC2 5NT | Korea | 0 | 1 |

ORDER BY를 쓸 때 컬럼명을 몰라도 정렬을 수행할 수 있다. 방금 실행한 쿼리처
럼 원하는 컬럼이 몇 번째에 있는지 숫자로 입력해도 정렬된다. 여기서는 SE-
LECT로 불러온 컬럼 중 첫 번째 컬럼이 id이므로 id가 작은 데이터부터 순서대
로 정렬되었다.

**</> SQL 직독직해**

```
SELECT *
    FROM users
    ORDER BY 1 ASC
              └첫 번째 컬럼
    ;
```

컬럼명을 몰라도 정렬할 수 있어 매우 편리하지만, 이와 같이 컬럼의 위치를
가지고 정렬 로직을 수행할 때는 조심해야 한다. 다음 쿼리를 실행해 보자.

**Q8** 회원 정보 테이블 users에서 이메일(username), 연락처(phone), 거주 도시 (city), 거주 국가(country), 회원 아이디(id) 컬럼만 출력하되, 결과를 첫 번째 컬럼 기준으로 오름차순 정렬해 보자.

```
SELECT username, phone, city, country, id
    FROM users
    ORDER BY 1 ASC
    ;
```

결과화면

| | | ᴬᴮᶜ username | ᵀ↕ | ᴬᴮᶜ phone | ᵀ↕ | ᴬᴮᶜ city | ᵀ↕ | ᴬᴮᶜ country | ᵀ↕ | ₁₂₃ id | ᵀ↕ |
|---|---|---|---|---|---|---|---|---|---|---|---|
| | 1 | 9019ingk@zmail.com | | 019-7738-4377 | | São Paulo | | Brazil | | 8 | |
| | 2 | aenucqq@zmail.com | | 019-7701-7950 | | São Paulo | | Brazil | | 73 | |
| | 3 | ajh4504@never.com | | 019-9488-9849 | | Lille | | France | | 16 | |
| | 4 | autukmart1@never.com | | 019-9535-4690 | | Busan | | Korea | | 26 | |
| | 5 | ccauccaccn@never.com | | 019-3957-8830 | | São Paulo | | Brazil | | 14 | |
| | 6 | ccuniegagu@never.com | | 019-9934-9096 | | México D.F. | | Mexico | | 72 | |
| | 7 | ccywunupt@never.com | | 019-9794-9494 | | San Francisco | | USA | | 37 | |
| | 8 | changane@never.com | | 019-8898-9904 | | Eugene | | USA | | 25 | |
| | 9 | chicagufarm@never.com | | 019-4993-9874 | | Buenos Aires | | Argentina | | 56 | |
| | 10 | ckdtjfgj@never.com | | 019-9794-9494 | | Walla Walla | | USA | | 35 | |

이전 쿼리와 동일하게 첫 번째 컬럼을 기준으로 오름차순 정렬한 결과이다. 같은 테이블에 같은 ORDER BY 조건을 적용했지만 정렬 결과는 id가 아닌 username을 기준으로 오름차순 정렬되었다. SELECT에서 불러온 컬럼의 순서가 달라졌기 때문이다.

이와 같이 컬럼 순서로 정렬할 때, SELECT의 조건이 변경되면 예상과 다른 결괏값이 나오기도 한다. 그래서 데이터를 빠르게 탐색할 때만 사용하고, 여러 번 사용하거나 나중에 변경할 가능성이 있는 쿼리를 작성할 때는 컬럼명을 직접 지정하기를 권장한다.

**Q9** 회원 정보 테이블 users에서 거주 도시(city), 회원 아이디(id) 컬럼만 출력하고 거주 도시 기준으로는 내림차순, 그리고 회원 아이디 기준으로는 오름차순 정렬해 보자.

```
SELECT city, id
    FROM users
    ORDER BY city DESC, id ASC
    ;
```

예제의 상황처럼 일단 거주 도시 순서로 보되, 같은 도시인 경우에는 아이디로 정렬해 보고 싶을 수 있다. 이런 상황에는 ORDER BY를 이용해 한 개 이상의 정렬 기준을 지정하면 된다. ORDER BY city DESC, id ASC와 같이 콤마(,)로 조건을 구분하여 정렬할 컬럼과 순서를 컴퓨터에 알려 주었다. 이는 '먼저 city를 기준으로 내림차순 정렬한 뒤, 동일한 city 내에서는 id를 기준으로 오름차순 정렬해 줘'라는 뜻이다.

city 컬럼의 값이 알파벳 역순으로 정렬되어 있고, 8~10행을 보면 city 값이 Seoul인 행은 id 값을 기준으로 오름차순으로(2, 4, 10) 정렬되어 있다.

---

**ORDER BY 정리하기**

✓ ORDER BY는 데이터를 가져올 때 지정된 컬럼을 기준으로 정렬한다.

✓ ORDER BY [컬럼명] [정렬 기준]의 형식으로 작성하며 정렬 방식으로 ASC(오름차순) 또는 DESC(내림차순)를 명시한다.

✓ 2개 이상의 정렬 기준을 콤마(,)로 지정할 수 있다. 이 경우 앞에 지정된 컬럼이 뒤에 지정된 컬럼보다 우선하여 정렬된다.

✓ 2개 이상의 정렬 기준을 지정할 때 각각 다른 정렬 방식을 사용하려면 각 컬럼 뒤에 명시적으로 ASC 또는 DESC를 붙여야 한다. 이를 지정하지 않을 경우에는 ASC가 기본으로 적용된다.

### 2.4.3 연습 문제

1. 제품 정보 테이블 products에서 정상 가격(price)이 비싼 제품부터 순서대로 모든 컬럼을 출력하라.

2. 주문 정보 테이블 orders에서 주문 일자(order_date) 기준으로 최신 순으로 정렬하여 모든 컬럼을 출력하라.

3. 주문 상세 정보 테이블 orderdetails에서 먼저 제품 아이디(product_id)를 기준으로 내림차순 정렬하고, 같은 제품 아이디 내에서는 판매 수량(quantity) 값을 기준으로 오름차순 정렬하여 모든 컬럼을 출력하라.

### 2.4.4 정답 코드 예시

1.
```sql
SELECT *
    FROM products
    ORDER BY price DESC
    ;
```

2.
```sql
SELECT *
    FROM orders
    ORDER BY order_date DESC
    ;
```

3.
```sql
SELECT *
    FROM orderdetails
    ORDER BY product_id DESC, quantity ASC
    ;
```

# SQL, 실무에서 어떻게 쓸까?

실무에서는 SELECT, FROM, WHERE, ORDER BY를 사용해 다양한 데이터를 추출한다.

### ■ 배달 서비스에서 어떻게 쓸까?

1.  2023-08-01에 주문한 내역 중 쿠폰 할인이 적용된 내역만 추출한다.

```
SELECT *
    FROM 주문정보
    WHERE 주문일자 = '2023-08-01'
        AND 쿠폰할인금액 > 0;
```

2.  마포구에서 1인분 배달이 가능한 배달 음식점만 추출한다.[12]

```
SELECT *
    FROM 음식점정보
    WHERE 지역 = '마포구'
        AND 1인분가능여부 = 1;
```

### ■ 전자책 서비스에서 어떻게 쓸까?

1.  출간된 지 한 달 이내인 신간 중 페이지 수가 200 이상인 도서만 추출한다.[13]

```
SELECT *
    FROM 도서정보
    WHERE 출간일자 >= (오늘일자 - 1달)
        AND 페이지수 >= 200;
```

2.  최근 한 달 이내에 도서 구독 멤버십에 가입한 회원만 추출한다.

```
SELECT *
    FROM 회원정보
    WHERE 가입일자 >= (오늘일자 - 1달)
        AND 멤버십가입여부 = 1;
```

12 가능 여부를 나타내는 컬럼에서 주로 1은 True, 0은 False를 의미한다.
13 오늘 일자를 가져오는 부분과 특정 일자에서 한 달을 차감해 주는 함수가 DB별로 다르게 설정되어 있으니 DB별 함수 사용 방법을 반드시 확인하자.

# 데이터를 그룹으로
# 묶어서 계산하자

**학습 목표**

이 장에서는 데이터를 그룹화하고, 함수로 계산하는 방법을 학습한다. 그룹화(grouping)는 조건에 따라 데이터를 그룹으로 묶는 것이며, 데이터를 그룹화하면 함수(function)로 원하는 계산을 할 수 있다.

데이터를 그룹으로 묶고 계산하자

실습 데이터에서 회원 수를 구하려면 어떻게 해야 할까? 그리고 전체 회원 수가 아닌 국가별 회원 수를 구하고 싶다거나, 제품별 매출을 구하고 싶다면 어떻게 해야 할까? 이 장에서 배울 내용을 활용하면 이와 같은 질문에 답할 수 있다.

SQL은 엑셀처럼 여러 상황에 필요한 함수를 제공한다. 함수로 개수를 세거나 숫자를 더하는 것과 같은 계산을 할 수 있는데, 그중 가장 많이 사용되는 집계 함수인 COUNT, SUM, AVG, MIN, MAX를 알아보자.

**학습 범위**

- 데이터를 계산하는 함수
- 그룹별로 집계 함수를 적용하기 위해 데이터를 나누는 GROUP BY
- GROUP BY로 계산한 결과를 필터링하는 HAVING

## 데이터를 계산하는 함수

엑셀에서 합계를 구하고, 평균을 계산하고, 개수를 세는 것과 같은 작업을 할 때 함수를 써 봤을 것이다. SQL에서도 마찬가지로 함수를 사용해 같은 작업을 할 수 있다. SQL 함수는 평균, 개수, 합계 등을 구하는 집계 함수와 문자열을 원하는 만큼 잘라내거나 대/소문자를 변경하는 등의 기능을 수행하는 일반 함수가 있다. 쿼리를 따라 해 보며 함수의 사용 방법과 특징을 알아보자.

**그룹별로 집계 함수를 적용하기 위해 데이터를 나누는 GROUP BY**

전체 데이터에 함수를 적용하기도 하지만 그룹별로 수치를 도출하는 일도 잦다. 이럴 때는 GROUP BY를 이용해 데이터를 그룹으로 묶은 후 필요한 함수를 적용하면 된다. GROUP BY로는 '국가별 회원 수를 계산해 줘' 혹은 '일별 매출을 계산해 줘' 등 그룹화 기준을 지정해 원하는 계산을 수행한다.

　예제 쿼리를 직접 입력해 보며 개념을 이해하고, GROUP BY가 어떻게 동작하는지 알아보자.

**GROUP BY로 계산한 결과를 필터링하는 HAVING**

GROUP BY를 사용하다 보면 '국가별 회원 수를 계산하고, 회원 수가 10명 이상인 국가만 보여 줘'처럼 집계 함수로 계산한 결과 중에서 조건에 맞는 데이터만 필요할 때도 있다. GROUP BY가 적용된 이후에는 WHERE만으로는 집계 함수로 계산된 값을 필터링하기 어렵다.

　이처럼 GROUP BY에 집계 함수를 적용한 결괏값을 필터링할 때는 HAVING을 쓴다. 쿼리를 직접 작성하며 이해해 보자.

## 3.1 집계 함수

### 3.1.1 어떤 계산을 해 볼까?

2장에서는 데이터를 가져와서 원하는 방식으로 필터링하고 정렬하는 방법을 알아보았다. 여기서 더 나아가 원하는 계산을 수행하고, 그룹별로 계산을 적용하는 방법을 알아보자.

엑셀을 사용해 봤다면 함수에 익숙할 것이다. 함수[1]는 어떤 값을 넣었을 때 결괏값을 반환하는데, SQL에도 다양한 함수가 있다. 행의 개수를 셀 때 쓰는 COUNT, 평균을 구할 때 쓰는 AVG, 숫자형 데이터 값을 모두 더할 때 쓰는 SUM 등 다양하다.

현업에서 기존 데이터를 가공하여 원하는 형태로 변경해야 할 일이 잦은데, 함수를 잘 활용하면 어떤 상황에 맞닥뜨려도 데이터를 원하는 형태로 적절히 다룰 수 있다.

### 3.1.2 따라 하며 이해하기

**Q1** 회원 정보 테이블 users의 모든 행 수를 세어 보자.

```
SELECT COUNT(*)
    FROM users
    ;
```

**결과화면**

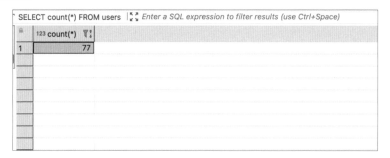

users 테이블의 행(row) 수인 77이 출력되었다. 이는 회원 테이블에 77건의 데이터가 있다는 뜻이다. COUNT 함수는 이와 같이 SELECT에서 사용되며 COUNT(*)는 대상 테이블에 있는 전체 행의 개수를 세는 역할을 한다.

---

1   SQL에는 입력 값이나 출력 값이 없는 함수도 있지만 여기서는 입력 값과 출력 값이 모두 있는 함수만 다룬다.

```
SELECT COUNT(*)
      └~를 보여 줘  └모든 행의 개수
    FROM users
    ;
```

COUNT뿐만 아니라 함수를 사용할 때는 함수명과 괄호를 붙이고, 괄호 안에 값
(인자)을 넣는 형태로 사용한다. 여기서는 함수의 입력 값으로 * 한 개만 넘겨
주었는데, 이는 '모든 행'이라는 의미로 사용되었다.

**Q2** 회원 정보 테이블 users에 존재하는 국가(country)의 수를 세어 보자.

```
SELECT COUNT(country)
    FROM users
    ;
```

**결과화면**

결괏값으로 76이 출력되었다. COUNT의 입력 값으로 컬럼명인 country를 넣었지
만 users 테이블 전체 행 수에서 null 값을 제외한 개수가 결괏값으로 나왔다.

```
SELECT COUNT(country)
              └country 컬럼에서 null이 아닌 값의 개수
    FROM users
    ;
```

COUNT 함수는 주어진 컬럼의 값이 null이 아닌 행의 개수를 반환한다. 컬럼명을 입력 값으로 넣을 때 null 값 유무가 전체 결괏값에 영향을 줄 수 있으니 유의하자.

하지만 users 테이블에 있는 국가는 76개국이 아니고, 한 국가에 여러 회원이 살고 있어 이 수치는 중복된 값을 모두 센 결과이다. 따라서 '회원 정보 테이블에 존재하는 국가의 수'라고 보기 어렵다.

**Q3** 회원 정보 테이블 users에 존재하는 국가(country)를 세어 보자. (중복 제외)

```
SELECT COUNT(DISTINCT country)
    FROM users
    ;
```

**결과화면**

| | 123 count(distinct country) |
|---|---|
| 1 | 17 |

결괏값으로 17이 출력되었다면 올바르게 쿼리를 실행한 것이다. 앞의 쿼리에서 COUNT를 제외하고 SELECT DISTINCT country FROM users를 실행해 보면 총 18건의 행 결괏값이 출력되고, 그중 1건이 null 값임을 확인할 수 있다.

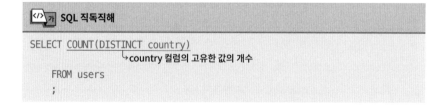

**SQL 직독직해**

```
SELECT COUNT(DISTINCT country)
              └→country 컬럼의 고유한 값의 개수
    FROM users
    ;
```

DISTINCT는 중복 값을 제거하여 고유한 값만 반환하는 키워드로, SELECT와 함께 사용되며 DISTINCT 뒤에 지정한 컬럼에서 중복되지 않은 값만 조회된다.

COUNT는 null 값을 제외하고 계산하며 country 컬럼에는 DISTINCT로 중복 값이 제거되었기 때문에 null 값을 제외한 국가의 수만 세어 되돌려 준 것이다.

따라서 회원들은 총 17개국에 거주하고 있다고 할 수 있다.

> ▶ COUNT 함수는 기본적인 집계 함수 중 하나로, 지정된 컬럼의 null을 제외한 행 수를 반환한다. 이때 중복 값은 제거하지 않고 센다.
>
> ▶ SELECT 내에서 COUNT([컬럼명])과 같이 사용한다.
>
> ▶ COUNT(*)나 COUNT(1)과 같이 사용할 수 있으며 두 가지 모두 같은 결과를 반환한다.[2]
>
> ▶ DISTINCT 키워드와 함께 쓰면 행 중복을 제외할 수 있다. COUNT(DISTINCT [컬럼명])과 같이 사용한다.

**Q4** 제품 정보 테이블 products에서 최저가를 구해 보자. (정상 가격(price) 컬럼을 활용하라.)

```
SELECT MIN(price)
    FROM products
    ;
```

결과화면

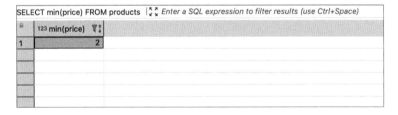

결괏값으로 2가 출력되어, 최저가는 2임을 알 수 있다.

MIN 함수는 컬럼명을 입력 값으로 넣으면 해당 컬럼에 존재하는 가장 작은 값을 반환한다. 따라서 숫자 값을 저장하는 컬럼에 사용하는 것이 일반적이다. 데이터가 숫자가 아닌 문자 값으로 이루어진 컬럼에 MIN 함수를 적용하면, 알파벳

---

2  count(1)은 테이블에 존재하는 모든 행을 센다는 의미로 count(*)와 같다.

순서상 가장 먼저 나오는 문자 값을 반환한다. 예를 들어 country 컬럼에 MIN 함수를 적용하면 알파벳순으로 가장 먼저 나오는 문자열 Argentina가 출력된다.

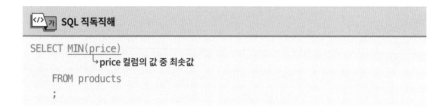

```
SQL 직독직해

SELECT MIN(price)
          └▸ price 컬럼의 값 중 최솟값
    FROM products
    ;
```

**Q5** 제품 정보 테이블 products에서 최고가를 구해 보자. (정상 가격(price) 컬럼을 활용하라.)

```
SELECT MAX(price)
    FROM products
    ;
```

**결과화면**

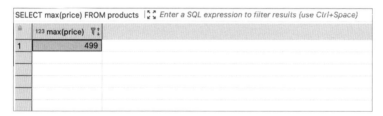

결괏값으로 499가 출력되어, 최고가가 499임을 알 수 있다.

　　MAX 함수는 직전에 사용한 MIN 함수와 사용성은 동일하지만 결과는 그 반대이다. 해당 컬럼의 값 중 최댓값을 결괏값으로 반환한다.

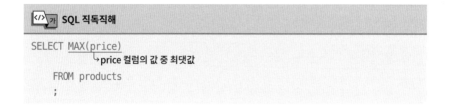

```
SQL 직독직해

SELECT MAX(price)
             └▸ price 컬럼의 값 중 최댓값
    FROM products
    ;
```

**Q6** 제품 정보 테이블 products에 있는 정상 가격(price)의 합계를 출력해 보자.

```
SELECT SUM(price)
    FROM products
    ;
```

**결과화면**

| | 123 sum(price) |
|---|---|
| 1 | 2,968 |

결괏값으로 **2,968**이 출력되어, 상품의 개별 가격을 모두 더하면 **2,968**임을 알수 있다. 이처럼 SUM 함수는 SELECT 내에 쓰이며 숫자로 이루어진 컬럼 값을 모두 더한다.

**SQL 직독직해**

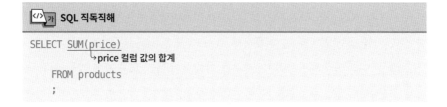

실제 환경에서 이러한 쿼리를 실행할 때 컬럼 내에 null 값이 포함되어 있으면 SUM 함수의 결괏값도 null이 된다는 점을 유의하자. 따라서 실행하기 전에 products 테이블에 중복은 없는지, null 값이 허용된 컬럼인지 확인해야 한다. 실습 목적으로 사용하는 데이터는 이미 정제되어, 중복이나 null 값 없이 정리되어 있지만, 실제 데이터는 그렇지 않은 경우도 많으므로 사전 정제 작업이 필요할 수도 있다.

**Q7** 제품 정보 테이블 products에서 정상 가격(price)의 평균을 출력해 보자. (단, 결괏값의 컬럼명을 avgPrice로 변경하고 소수점 둘째 자리까지만 출력하자.)

```
SELECT ROUND(AVG(price), 2) AS avgPrice
    FROM products
    ;
```

결과화면

| SELECT round(avg(price), 2) as avgPric | Enter a SQL expression to filter results (use Ctrl+Space) |
|---|---|
| 123 **avgPrice** | |
| 1 | 38.55 |

결괏값으로 숫자 **38.55**가 나왔다. 이는 전체 상품의 평균 가격이 **38.55**라는 뜻이다.

AVG 함수는 평균이라는 뜻의 Average를 축약한 함수명으로, SELECT 내에서 사용되어 평균 값을 되돌려주는 역할을 한다. AVG 함수만으로도 결괏값을 계산할 수 있지만 몇 가지 함수를 추가하면 더 보기 좋은 결과를 낼 수 있다.

ROUND 함수를 이용하면 소수 자릿수를 어디까지 표시할지 지정 가능하다. 콤마로 구분하여 소수 자릿수를 몇째 자리까지 표시할지 적으면 된다. 여기서는 ROUND 함수에 AVG(price) 값과 2를 넣어 계산된 평균 값이 소수점 둘째 자리까지만 표시되도록 했다.

함수로 계산하면 컬럼명이 SELECT에 사용된 함수 식으로 변경되어 매우 길어지는데, 이럴 때 AS로 컬럼명을 변경하면 가독성을 높일 수 있다. 예시 쿼리에서는 avgPrice라는 이름으로 바꾸었다. AS 뒤에는 원하는 대로 컬럼명을 변경해도 무방한데, 해당 계산 값을 잘 나타내는 이름으로 작성하면 좋다.

**</>** 가 **SQL 직독직해**

```
SELECT ROUND(AVG(price), 2) AS avgPrice
                                    └→컬럼명의 별칭을 avgPrice로
              └→price 컬럼 값의 평균, 소수점 둘째 자리까지만
    FROM products
    ;
```

**Q8** 회원 정보 테이블 users에서 회원의 가입일자(day), 가입년월(month), 가입 일시(created_at)만 출력해 보자.

```
SELECT SUBSTR(created_at, 1, 10) AS day
         , SUBSTR(created_at, 1, 7) AS month
         , created_at
    FROM users
    ;
```

**결과화면**

| | SELECT substr(created_at, 1, 10) as da ⌨ Enter a SQL expression to filter results (use Ctrl+Space) | | |
|---|---|---|---|
| | ᴬᴮᶜ day ▽⫶ | ᴬᴮᶜ month ▽⫶ | ᴬᴮᶜ created_at ▽⫶ |
| 1 | [NULL] | [NULL] | [NULL] |
| 2 | 2010-10-01 | 2010-10 | 2010-10-01 19:01:29 |
| 3 | 2010-10-03 | 2010-10 | 2010-10-03 20:28:39 |
| 4 | 2010-10-11 | 2010-10 | 2010-10-11 9:23:01 |
| 5 | 2010-10-23 | 2010-10 | 2010-10-23 10:39:05 |
| 6 | 2010-10-23 | 2010-10 | 2010-10-23 11:01:59 |
| 7 | 2010-10-29 | 2010-10 | 2010-10-29 15:03:48 |
| 8 | 2010-11-02 | 2010-11 | 2010-11-02 19:32:01 |
| 9 | 2010-12-02 | 2010-12 | 2010-12-02 22:19:28 |
| 10 | 2010-12-11 | 2010-12 | 2010-12-11 15:02:34 |

day, month, created_at 컬럼이 순서대로 표시되고, 각 컬럼 값이 yyyy-MM-dd, yyyy-MM, yyyy-MM-dd hh:mm:ss 형식으로 표시되었다. 여기서 yyyy는 년, MM은 월, dd는 일, hh:mm:ss는 시분초를 의미하며 대소문자를 구분해서 써야 한다.

SUBSTR 함수는 문자열을 지정된 시작 위치부터 지정된 길이만큼 자른 결과를 반환한다. 입력 값으로 세 개의 값을 넣어야 하며 각각 '대상 컬럼', '시작 위치', '추출할 문자 개수'이다.

```
SELECT SUBSTR(created_at, 1, 10) AS day
                                      ↳컬럼명의 별칭을 day로
             ↳created_at 컬럼의 문자열을 1부터 10번째 자리까지 자른 값
         , SUBSTR(created_at, 1, 7) AS month
         , created_at
    FROM users
    ;
```

▶ SUBSTR 함수는 대상 문자열에서 일부를 추출하여 반환하는 함수로, 세 개의 입력
  값이 필요하다.

▶ SUBSTR( [대상 컬럼] , [시작 위치] , [추출할 문자 개수] )와 같이 사용한다.

▶ 대상 컬럼: 추출하고자 하는 대상 컬럼을 입력한다.

▶ 시작 위치: 추출을 시작할 문자의 위치를 입력한다.

▶ 추출할 문자 개수: 시작 위치부터 추출할 문자의 개수를 입력한다.

**Q9** 회원 정보 테이블 users에서 이메일(username) 문자열의 길이(알파벳 하나당 1)
를 구해 보자.

```
SELECT LENGTH(username)
         , username
    FROM users
    ;
```

결과화면

SELECT length(username), username F | ⌄⌃ Enter a SQL expression to filter results (use Ctrl+Space)

| | 123 length(username) ▼ ↕ | ABC username ▼ ↕ |
|---|---|---|
| 1 | 18 | dev@joecompany.com |
| 2 | 21 | joejoe@joecompany.com |
| 3 | 15 | inr01@never.com |
| 4 | 16 | fuxp76@never.com |
| 5 | 17 | phk4938@never.com |
| 6 | 20 | tuintumall@never.com |
| 7 | 17 | ty+yunu@never.com |
| 8 | 18 | 9019ingk@zmail.com |
| 9 | 19 | crakh4560@never.com |
| 10 | 27 | yukiadadaken@joecompany.com |

username의 문자열 길이가 하나의 컬럼으로 출력되고, username 컬럼이 각각 출력되었다. 첫 번째 컬럼만 출력해도 정답이 되지만 함수를 적용한 컬럼 옆에 원래 컬럼(입력 값으로 넣은 컬럼)을 함께 써 주면 한 눈에 보기 좋다.

LENGTH 함수는 문자열의 길이를 반환하며, DB 종류에 따라 함수명이 LEN 등으로 쓰이기도 한다.[3] DB에 맞는 함수명을 확인하자.

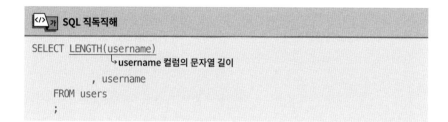

집계 함수는 숫자를 세거나, 합하거나, 최댓값이나 최솟값, 또는 평균 등을 계산할 때 사용한다. 집계 함수는 SELECT 뒤에 사용되며 여러 개의 행 데이터를 집계하여 요약된 정보를 제공한다. 대표적인 집계 함수는 다음과 같다.

| 함수명 | 의미 | 사용 방법(Syntax) |
| --- | --- | --- |
| SUM | 합계 | SUM([컬럼명]) |
| AVG | 평균 | AVG([컬럼명]) |
| MIN | 최솟값 | MIN([컬럼명]) |
| MAX | 최댓값 | MAX([컬럼명]) |
| COUNT | 개수 | COUNT([컬럼명]) |

이 외에 일반 함수는 하나의 행에 대해 하나의 결괏값을 반환한다. 일반 함수 중에는 전달해야 하는 입력 값이 두 개 이상인 함수도 있다. 이 경우 콤마(,)로 입력 값을 구분하면 된다.

---

3  집계 함수인 SUM, AVG, MIN, MAX, COUNT는 DB 종류가 달라도 거의 동일하지만, 일부 함수는 DB 종류에 따라 달라지기도 한다.

일반 함수는 데이터를 가공하거나 변환한다. 대표적인 일반 함수는 다음와 같다.

| 함수명 | 의미 | 사용 방법(Syntax) |
|---|---|---|
| ROUND | 소수점 자리를 지정한 자릿수까지 반올림하여 반환한다. | ROUND([컬럼명], [표시할 소수점 자릿수]) |
| SUBSTR | 문자열을 지정한 시작 위치로부터 지정한 문자 개수만큼 가져와 반환한다. | SUBSTR([컬럼명], [시작 위치], [가져올 문자 개수]) |
| LENGTH | 문자열의 길이를 반환한다. | LENGTH([컬럼명]) |
| UPPER | 알파벳 문자열을 대문자로 변경한다. | UPPER([컬럼명]) |
| LOWER | 알파벳 문자열을 소문자로 변경한다. | LOWER([컬럼명]) |

집계 함수는 여러 행의 데이터를 하나의 결괏값으로 집계하는 반면, 일반 함수는 한 행의 데이터에 하나의 결괏값을 반환한다는 차이가 있다. 따라서 집계 함수는 SELECT에서만 사용 가능하지만 일반 함수는 SELECT뿐 아니라 WHERE에서도 사용 가능하다. 그 밖에도 소개하지 않은 함수가 많으므로, 필요에 따라 온라인에서 검색하여 적용해 보자.

### 3.1.3 연습 문제

1. 제품 정보 테이블 products에 있는 정상 가격(price)을 모두 더한 값을 구하라.

2. 제품 정보 테이블 products에서 제품 아이디(id)가 30 이하인 제품의 정상 가격의 평균을 구하라. (단, 소수점 둘째 자리까지 표시하라.)

3. 회원 정보 테이블 users에서 가입 일시(created_at)가 2010-10부터 2010-12까지인 회원 아이디(id)를 중복 없이 센 값을 출력하라.

4. 회원 정보 테이블 users에서 이메일(username)의 길이가 17자리 이하인 회원 수를 중복 없이 센 값을 출력하라.

### 3.1.4 정답 코드 예시

1.
```
SELECT SUM(price)
    FROM products
    ;
```

2.
```
SELECT ROUND(AVG(price), 2) AS avgPrice
    FROM products
    WHERE id <= 30
    ;
```

3.
```
SELECT COUNT(DISTINCT id) AS userCnt
    FROM users
    WHERE SUBSTR(created_at, 1, 7) BETWEEN '2010-10' AND '2010-12'
    ;
```

4.
```
SELECT COUNT(DISTINCT id) AS userCnt
    FROM users
    WHERE LENGTH(username) <= 17
    ;
```

## 3.2 GROUP BY

### 3.2.1 어떤 기준으로 묶어서 계산할까?

앞서 집계 함수를 활용하여 계산하는 방법을 알아보았다. 함수로 평균을 계산하거나, 전체 값의 합을 구하는 등 여러 가지 계산을 수행했다.

하지만 집계 함수만으로는 원하는 결과를 얻을 수 없을 때도 있다. 데이터 전체가 아닌 원하는 기준으로 그룹을 나눠 계산할 일도 있기 때문이다. 예를 들면 전체 회원 수가 아닌 국가별 회원 수를 나누어 계산하기도 하며, 월별로 가입한 회원 수를 집계하기도 한다.

이 장에서는 앞서 배운 함수를 그룹별로 적용하는 방법을 알아본다. 집계 함수는 전체 데이터를 대상으로 계산하기 때문에, 특정 조건으로 나눈 그룹별 계산을 수행할 때는 먼저 그룹화해야 한다. 집계 함수는 특정 컬럼을 기준으로 데이터를 그룹화한 후, 그룹별로 집계 함수를 적용하는 방식으로 동작한다.

### 3.2.2 따라 하며 이해하기

**Q1** 회원 정보 테이블 users에서 거주 국가(country)가 한국(Korea)인 회원의 수를 구해 보자.

```
SELECT COUNT(DISTINCT id) AS uniqueUserCnt
    FROM users
    WHERE country = 'Korea'
    ;
```

결과화면

| 123 uniqueUserCnt |
|---|
| 1 | 8 |

'한국(Korea)'에 거주 중인 회원 수인 8이 출력되었다. 컬럼명은 가독성 있게 uniqueUserCnt로 별칭을 설정했다.

이 쿼리에서는 지금까지 배운 내용만 가지고 한국(Korea)에 거주 중인 회원 수를 출력했다. 그런데 만약 국가별 회원 수를 모두 알고 싶을 땐 어떻게 해야 할까? WHERE의 조건에 국가 이름을 하나하나 입력하여, 모든 국가에 한 번씩 쿼리를 실행해야만 모든 국가의 회원 수가 나올 것이다.

하지만 2장에서 봤듯이 국가 수는 적지 않으며, 실제 환경에서는 보통 더 많은 데이터를 다룬다. 조건을 일일이 적으면 비효율적일 뿐만 아니라 누락이 발생하기도 한다. 따라서 WHERE의 조건을 하나하나 바꾸는 방식은 잘 쓰이지 않는다. 대신 GROUP BY를 사용해 여러 기준별로 집계 함수를 적용한다.

**Q2** 회원 정보 테이블 users에서 국가(country)별 회원 수를 구해 보자.

```
SELECT country, COUNT(DISTINCT id) AS uniqueUserCnt
    FROM users
    GROUP BY country
    ;
```

결과화면

| | ᴬᴮᶜ country | ¹²³ uniqueUserCnt |
|---|---|---|
| 1 | [NULL] | 1 |
| 2 | Argentina | 3 |
| 3 | Austria | 2 |
| 4 | Belgium | 2 |
| 5 | Brazil | 8 |
| 6 | Canada | 9 |
| 7 | Denmark | 2 |
| 8 | France | 9 |
| 9 | Ireland | 1 |
| 10 | Italy | 3 |

GROUP BY를 이용하여 국가별 회원 수를 구했다. 이렇게 하면 모든 국가의 회원 수를 한 번에 확인할 수 있다. GROUP BY는 집계 함수와 함께 사용되며, GROUP BY 기준 컬럼은 SELECT에서 집계 함수를 사용할 때 묶어서 계산을 수행하는 기준이 된다. 그룹으로 나뉜 결과에 집계 함수가 적용되어 결과를 출력한다. 여기서는 COUNT를 사용하여 국가별 회원 수를 출력했다. SELECT에서 표시할 컬럼으로 국가명, 회원 수를 지정하면 어떤 국가에 회원이 몇 명이 있는지 한 눈에 보인다.

이렇게 GROUP BY를 이용해 데이터를 분류하고 계산하면 데이터의 특성을 더 잘 파악할 수 있다.

</> 가 **SQL 직독직해**

```
SELECT COUNT(DISTINCT id)  AS uniqueUserCnt
    FROM users
    GROUP BY country
         ↳country 컬럼
      ↳다음을 기준으로 그룹화해서
    ;
```

**Q3** 회원 정보 테이블 users에서 거주 국가(country)가 한국(Korea)인 회원 중 마케팅 수신에 동의한 회원 수를 구해 보자. (마케팅 수신 동의 여부(is_marketing_agree) 컬럼을 활용하라. 동의: 1, 비동의: 0)

```
SELECT COUNT(DISTINCT id) AS uniqueUserCnt
    FROM users
    WHERE country = 'Korea' AND is_marketing_agree = 1
    ;
```

**결과화면**

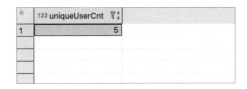

두 가지 조건을 동시에 적용하여 필터링하고 집계 함수로 원하는 지표를 계산했다.

그런데 한국 대신 독일에 사는 회원의 마케팅 수신 동의 건수를 확인하려면 쿼리를 어떻게 변경해야 할까? 혹은 한국에 살고 있지만 마케팅 수신에 동의를 하지 않은 회원의 수를 확인하려면 쿼리를 어떻게 변경해야 할까?

물론 WHERE의 조건을 하나씩 변경해도 된다. 하지만 파악해야 하는 조건이 많아질수록 직접 쿼리를 변경하는 시간도 많이 들뿐더러 중간에 결과가 누락될 위험도 있다. GROUP BY를 통해 두 가지 조건을 모두 충족하는 쿼리를 실행해 보자.

**Q4** 회원 정보 테이블 users에서 거주 국가(country)별로 마케팅 수신 동의한 회원 수와 동의하지 않은 회원 수를 구해 보자. (마케팅 수신 동의 여부(is_marketing_agree) 컬럼을 활용하라. 동의: 1, 비동의: 0)

```
SELECT country, is_marketing_agree, COUNT(DISTINCT id) AS uniqueUserCnt
    FROM users
    GROUP BY country, is_marketing_agree
    ORDER BY country, uniqueUserCnt DESC
    ;
```

| | ᴀʙᴄ country | 123 is_marketing_agree | 123 uniqueUserCnt |
|---|---|---|---|
| 1 | [NULL] | 0 | 1 |
| 2 | Argentina | 1 | 2 |
| 3 | Argentina | 0 | 1 |
| 4 | Austria | 1 | 2 |
| 5 | Belgium | 1 | 2 |
| 6 | Brazil | 1 | 6 |
| 7 | Brazil | 0 | 2 |
| 8 | Canada | 1 | 7 |
| 9 | Canada | 0 | 2 |
| 10 | Denmark | 0 | 1 |

국가, 마케팅 수신 동의 여부 그리고 각각의 회원 수가 출력되었다. 더 나아가 보기 좋게 정렬하는 오름차순, 내림차순 조건도 추가했다.

**SQL 직독직해**

```
SELECT country, is_marketing_agree, COUNT(DISTINCT id) AS uniqueUserCnt
    FROM users
    GROUP BY country, is_marketing_agree
        ↳다음을 기준으로 그룹화해서      ↳country, is_marketing_agree 컬럼

    ORDER BY country, uniqueUserCnt DESC
        ↳다음 순서대로  ↳country 컬럼(오름차순)  ↳uniqueUserCnt 컬럼(내림차순)
    ;
```

GROUP BY에 두 개 이상의 기준 컬럼을 추가하면 데이터가 여러 그룹으로 나뉜다. 결과 화면에 맨 처음으로 등장하는 국가 Argentina를 보면 행이 두 개로 출력되어 있는데, 하나는 마케팅 수신 동의 여부(is_marketing_agree)가 0인 회원 수, 다른 하나는 마케팅 수신 동의 여부가 1인 회원 수이다.[4] 예를 들어 이번 예시에서는 country로 먼저 그룹화되고, 그 후에 is_marketing_agree로 그룹화되었다.

GROUP BY에 여러 기준을 설정하면, 지정된 컬럼의 순서에 따라 결과가 달라진다. 따라서 중요한 기준을 앞에 배치해서 그룹화를 먼저 수행해야 한다.

---

4  여부를 나타내는 컬럼에서 주로 False(아니요)는 0, True(예)는 1로 표시한다.

|  | Group1 | Group2 | ... |
|---|---|---|---|
|  | A | a |  |
|  | B | b | ... |
|  | B | a |  |
|  | C | c |  |

GROUP BY 작성 순서에 따른 그룹화의 구조

그림을 보면 Group1은 대문자 A, B, C로 한 차례 묶여 있고, 그다음 Group2
에서 소문자 a, b, c가 Group1의 각 그룹 내에서 묶여 있다. 만약 GROUP BY에서
Group2를 먼저 작성했다면 소문자 a는 지금과 같이 Group1의 대문자 A, B 그
룹에 포함되는 형태가 아닌 소문자 a의 그룹으로 먼저 그룹화되었을 것이다.

- ▶ GROUP BY는 주어진 컬럼을 기준으로 데이터를 그룹화하며 집계 함수와 함께 사용
  된다.
- ▶ GROUP BY 뒤에는 그룹화할 컬럼명을 입력한다. 그룹화한 컬럼에 집계 함수를 적용
  하여 그룹별 계산을 수행한다.
- ▶ 형식은 GROUP BY [컬럼명1], [컬럼명2] ...이다.
- ▶ GROUP BY에는 두 개 이상의 기준 컬럼을 조건으로 추가하여 여러 그룹으로 나눌 수
  있다. 이때 GROUP BY의 컬럼 순서는 결과에 영향을 미친다. 앞에 등장한 기준으로
  한 번 그룹화한 후, 그 그룹 내에서 다음 기준으로 그룹화가 이루어진다.

**Q5** 회원 정보 테이블 users에서 국가(country) 내 도시(city)별 회원 수를 구해 보
자. (단, 국가명은 알파벳순으로 정렬하고, 같은 국가 내에서는 회원 수 기준 내림차순으로
정렬하자.)

```
SELECT country, city, COUNT(DISTINCT id) AS uniqueUserCnt
    FROM users
    GROUP BY country, city
    ORDER BY country, uniqueUserCnt DESC
    ;
```

| ABC country ▼ | ABC city ▼ | 123 uniqueUserCnt ▼ |
|---|---|---|
| 1 | [NULL] | [NULL] | 1 |
| 2 | Argentina | Buenos Aires | 3 |
| 3 | Austria | Graz | 1 |
| 4 | Austria | Salzburg | 1 |
| 5 | Belgium | Bruxelles | 1 |
| 6 | Belgium | CCarleroi | 1 |
| 7 | Brazil | São Paulo | 4 |
| 8 | Brazil | Rio de Janeiro | 3 |
| 9 | Brazil | Campinas | 1 |
| 10 | Canada | Brandenburg | 1 |

국가 컬럼이 알파벳순으로 정렬되어 있고, 7~9행을 보면 같은 국가 내에서는 회원 수가 많은 도시 순으로 정렬된 결과가 출력됐다.

GROUP BY를 좀 더 살펴보자. GROUP BY에는 country를 맨 처음 컬럼으로 작성하여 첫 번째로 그룹화해야 하는 기준이 country임을 알려 주었고, SELECT에도 맨 첫 컬럼으로 country를 적어서 첫 번째 기준을 출력했다. 그다음 GROUP BY에서 콤마(,) 뒤에 city를 작성하여 두 번째 그룹화 기준이 city임을 알려 주었다. 따라서 국가 내에서 도시별로 가입 회원 수를 한 눈에 볼 수 있다. ORDER BY를 통해 국가명을 알파벳순으로 하되, 같은 국가 내에서 회원 수가 많은 도시 순으로 정렬했다.

한 걸음 더 나아가 분석에 사용하는 용어도 알아보자. 분석 시에 지표를 그룹으로 묶는 기준을 차원(dimension)이라고 하고, 각 차원에 대해 계산을 수행할 때 적용하는 계산식을 메트릭(metric)이라고 한다.

| 차원 (dimension) | | 메트릭 (metric) | |
|---|---|---|---|
| 국가 | 도시 | 방문수 | 회원수 |
| Korea | Seoul | 23 | 17 |
| Korea | Busan | 43 | 12 |
| USA | New York | 72 | 29 |

GROUP BY에서의 차원과 메트릭

앞의 쿼리에서는 GROUP BY 내의 국가(country), 도시(city)가 차원, 그리고 SELECT 내의 함수식 COUNT(DISTINCT id)가 메트릭에 해당한다.

예제 쿼리의 차원과 메트릭은 단순해서 헷갈리지 않지만, 실제로 분석 목적으로 쿼리를 작성할 때는 기준이 더 많아 한 번에 이해하기 어렵다. 어떤 부분이 차원인지, 어떤 부분이 메트릭인지 정리하고 쿼리 작성을 시작하면 헷갈리지 않고 지표를 추출하는 데 도움이 된다.

**Q6** 회원 정보 테이블 users에서 월별(e.g 2013-01) 가입 회원 수를 구해 보자. (가입 일시(created_at) 컬럼을 활용하고, 최신 순으로 정렬하자.)

```
SELECT SUBSTR(created_at, 1, 7) AS month, COUNT(DISTINCT id) AS
uniqueUserCnt
    FROM users
    GROUP BY SUBSTR(created_at, 1, 7)
    ORDER BY month DESC
    ;
```

결과화면

| | ᴬᴮᶜ month | 123 uniqueUserCnt |
|---|---|---|
| 1 | 2013-12 | 1 |
| 2 | 2013-10 | 1 |
| 3 | 2013-08 | 1 |
| 4 | 2013-07 | 2 |
| 5 | 2013-05 | 1 |
| 6 | 2013-04 | 1 |
| 7 | 2013-03 | 2 |
| 8 | 2013-02 | 4 |
| 9 | 2013-01 | 2 |
| 10 | 2012-12 | 7 |

월별 가입 회원 수가 최신 순으로 정렬된 결과가 출력됐다. 기존에는 GROUP BY에서 컬럼명을 그대로 사용했는데 지금처럼 함수식으로도 쓸 수 있다.

**SQL 직독직해**

```
SELECT SUBSTR(created_at, 1, 7) AS month, COUNT(DISTINCT id) AS
uniqueUserCnt
    FROM users
    GROUP BY SUBSTR(created_at, 1, 7)
```
↳다음을 기준으로 그룹화해서    ↳created_at 컬럼의 문자열을 1부터 7번째 자리까지 자른 값

```
ORDER BY month DESC
;
```

이 쿼리를 좀 더 살펴보자. 먼저 월별 가입 회원 수를 구하려면 '가입 월'을 알수 있는 컬럼이 필요한데, users 테이블에는 문제에 제시된 yyyy-MM 형태로 가입 월을 나타내는 컬럼은 없다. 따라서 가입 일시 created_at 컬럼을 정제하여월별 컬럼을 생성한다. created_at 값은 yyyy-MM-dd hh:mm:ss 꼴이므로 앞의 7자리만 필요하다. 따라서 문자열을 원하는 만큼 잘라 보여 주는 SUBSTR 함수로컬럼 값을 1번째부터 7번째 자리까지 자르고 AS를 이용해 별칭을 month로 설정했다.

그런 다음 GROUP BY에서도 동일한 함수 식을 기준으로 그룹을 나누고 쿼리를수행했다. 이렇게 월별 가입 회원 수와 같이 시계열 지표를 추출할 때는 일반함수로 시간 정보를 적절히 정제한 다음 데이터를 추출하면 된다.

이번 쿼리에서도 차원과 메트릭을 찾아 보자. 월별로 데이터를 그룹화했기때문에 '월'이 차원, 회원 수를 구하기 위해 COUNT를 사용하였기 때문에 '회원수'가 메트릭이다.

---

### 📋 GROUP BY 정리하기

GROUP BY는 그룹별로 수치를 계산할 때 사용한다. 콤마(,)를 써서 그룹화 기준 컬럼을 두 개 이상 지정할 수 있다.

두 개 이상의 기준을 지정할 때 컬럼 순서에 따라 그룹의 층위가 정해지므로 순서를 정확히 지정해야 한다. 먼저 등장한 컬럼부터 순서대로 그룹화가 이루어지므로 더 중요한 기준을 먼저작성하자.

▶ 정리 1.

```
...
GROUP BY column1, column2 ... # 두 개 이상의 기준 지정
...
```

GROUP BY를 쓸 때는 GROUP BY에 적은 기준 컬럼을 SELECT에서도 앞 부분에 동일한 순서로 적

어 계산된 수치의 기준을 알려 주면 좋다. 예를 들어 국가 내 도시별 회원 수를 구했는데 회원 수 컬럼만 출력하면 각 숫자가 어느 국가, 어느 도시의 회원 수인지 알 수 없으므로 국가와 도시 컬럼도 적어 주는 것이다.

▶ 정리 2.

```
SELECT column1, column2, ... # GROUP BY에서 작성한 기준 컬럼을 앞에 작성
                                                   (권장)
    ...
    GROUP BY column1, column2
    ...
```

GROUP BY에 작성한 기준 컬럼의 값은 DISTINCT를 사용한 것처럼 중복 없이 표시된다. 컬럼 값이 동일한 데이터는 같은 그룹으로 묶여 자연스럽게 중복이 제외된다. SELECT에서는 GROUP BY에 작성한 기준 컬럼 외에는 집계 함수를 사용하여 그룹별 연산을 수행해야 한다.

▶ 정리 3.

```
SELECT column1, column2, count(*), sum(column3) ... # 그룹화 이후에는
                                                      집계 연산 수행
    ...
    GROUP BY column1, column2
    ...
```

분석 시에는 GROUP BY에 적은 컬럼을 차원, 그리고 함수를 사용하여 계산한 컬럼을 메트릭이라고 부른다. 실무에서 기준이 복잡한 쿼리를 작성하기 전에 어떤 것이 차원이고[5] 어떤 것이 메트릭인지, 그리고 어떤 집계 함수를 활용하면 좋을지 정리하자.

## 3.2.3 연습 문제

1. 주문 상세 정보 테이블 orderdetails에서 주문 아이디(order_id)별 주문 수량(quantity)의 총합을 출력하라. (단, 주문 수량의 총합이 내림차순으로 정렬되도록 하라.)

---

5  일반적으로 요건에서 '~별'로 부르는 부분이 차원인 경우가 많다. (e.g. 국가별, 도시별)

2. 주문 정보 테이블 orders에서 직원 아이디(staff_id)별, 회원 아이디 (user_id)별로 주문 건수를 출력하라. (단, 직원 아이디 기준 오름차순으로 먼저 정렬한 뒤 주문 건수 기준 내림차순으로 정렬하라.)

3. 주문 정보 테이블 orders에서 월별로 주문한 회원 수를 출력하라. (주문 일자(order_date) 컬럼을 활용하고, 최신 순으로 정렬하라.)

### 3.2.4 정답 코드 예시

1.
```
SELECT order_id, SUM(quantity) AS sumQuantity
    FROM orderdetails
    GROUP BY order_id
    ORDER BY sumQuantity DESC
    ;
```

2.
```
SELECT staff_id, user_id, COUNT(*) AS cnt
    FROM orders
    GROUP BY staff_id, user_id
    ORDER BY staff_id, cnt DESC
    ;
```

3.
```
SELECT SUBSTR(order_date, 1, 7) AS month, COUNT(DISTINCT user_id)
AS cntUser
    FROM orders
    GROUP BY month
    ORDER BY month DESC
    ;
```

# 3.3 HAVING

### 3.3.1 집계 값은 어떻게 필터링할까?

앞서 GROUP BY를 이용해 데이터를 그룹화하고, 해당 그룹별로 집계 연산을 수행하는 방법을 알아보았다. 이 방법으로 국가별 회원 수 같은 데이터를 추출했다.

그런데 회원 수가 n명 이상인 국가의 회원 수만 보려면 어떻게 해야 할까? 앞서 WHERE로 필터링하는 로직을 배웠기 때문에 자연스럽게 WHERE를 떠올릴 수 있다. 하지만 쿼리를 직접 작성하다 보면 GROUP BY에서 집계 함수로 계산된 값에 대해 WHERE를 사용해 필터링하기는 어렵다.

이 절에서는 GROUP BY로 그룹화하고 집계한 데이터를 필터링할 때 WHERE를 쓰기 어려운 이유를 알아보고, 이를 해결하는 HAVING 로직을 배워 보자. HAVING은 우리가 배울 SELECT 문의 전체 기능 중 마지막 기능이다. 이후 SELECT 내 각 기능의 실행 순서도 함께 알아보자.

### 3.3.2 따라 하며 이해하기

**Q1** 회원 정보 테이블 users에서 거주 국가(country)가 한국(Korea)이나 미국(USA)이나 프랑스(FRANCE)인 회원 수를 국가별로 계산해 보자.

```
SELECT country, COUNT(DISTINCT id) AS uniqueUserCnt
    FROM users
    WHERE country IN ('Korea', 'USA', 'France')
    GROUP BY country
    ;
```

결과화면

| | ᴿᴮᶜ country ▼⫶ | 1²³ uniqueUserCnt ▼⫶ |
|---|---|---|
| 1 | France | 9 |
| 2 | Korea | 8 |
| 3 | USA | 11 |

Korea, USA, France에 거주하는 회원 수가 각각 출력됐다. WHERE를 통해 원하는 국가만 먼저 필터링하고 GROUP BY를 적용했다.

제시된 필터링 조건은 거주 국가다. 그렇다면 3개국에 해당하는 국가의 회원 수 말고, 회원 수가 8명 이상인 국가의 회원 수만 필터링하려면 어떻게 해야 할까? 회원 수를 기준으로 필터링하고 싶다면 어떻게 작성해야 할까? 이 질문에 대답하기 위해서 아래와 같은 형태로 쿼리를 작성했을 수도 있다.

**예상 오답**

```
...
WHERE COUNT(DISTINCT id) >= 8  # 회원 수가 8명 이상인 경우만 필터링하려고 시도
...
```

하지만 이렇게 실행하면 Invalid use of group function이라는 에러 메시지가 뜰 것이다. 집계 함수를 부적절한 위치에 사용했다는 뜻이다. 다음 쿼리 예시를 통해 HAVING을 적용해서 집계 함수로 계산한 값을 필터링해 보자.

**Q2** 회원 정보 테이블 users에서 회원 수가 8명 이상인 국가(country)별 회원 수를 출력해 보자. (단, 회원 수 기준 내림차순으로 정렬하자.)

```
SELECT country, COUNT(DISTINCT id) AS uniqueUserCnt
    FROM users
    GROUP BY country
    HAVING COUNT(DISTINCT id) >= 8
    ORDER BY 2 DESC
    ;
```

**결과화면**

| | ᴬᴮᶜ country | ¹²³ uniqueUserCnt |
|---|---|---|
| 1 | USA | 11 |
| 2 | Canada | 9 |
| 3 | France | 9 |
| 4 | Brazil | 8 |
| 5 | Korea | 8 |

회원 수가 8명 이상인 결괏값만 출력됐다. HAVING을 GROUP BY 이후에 추가하고 COUNT 함수를 사용해 '회원 수가 8 이상'이라는 조건문을 작성했다.

```
SELECT country, COUNT(DISTINCT id) AS uniqueUserCnt
    FROM users
    GROUP BY country
    HAVING COUNT(DISTINCT id) >= 8
                                 ↳8
                              ↳~이상이다
                     ↳ id 컬럼 값을 중복 없이 카운트한 값
          ↳집계 값이 다음 조건에 해당하는
    ORDER BY 2 DESC
    ;
```

왜 WHERE에서 필터링을 시도할 때 에러가 날까? 그 이유는 컴퓨터가 실행하는 쿼리의 순서와 관계가 있다.

WHERE는 GROUP BY보다 먼저 실행되며 컴퓨터가 그룹화를 진행하기 이전의 행을 필터링하지만, 집계 함수로 계산된 값은 그룹화 이후에 계산된 값이기 때문이다. 그래서 GROUP BY를 사용한 집계 값을 필터링할 때는 HAVING을 사용한다. 실행 순서에 대해서는 106쪽 'HAVING 정리하기'에서 좀 더 자세히 알아보자.

아래와 같이 SELECT에서 작성한 별칭을 HAVING에도 사용할 수 있다. AS로 집계 값 칼럼에 지정한 별칭인 uniqueUserCnt를 HAVING에 사용해도 같은 결과를 확인할 수 있다.

참고 HAVING의 다른 활용

```
...
HAVING uniqueUserCnt >= 8
...
```

**Q3** 주문 정보 테이블 orders에서 담당 직원별 주문 건수와 주문 회원 수를 계산하고, 주문 건수가 10건 이상이면서 주문 회원 수가 40명 이하인 데이터만 출력해 보자. (단, 주문 건수 기준으로 내림차순 정렬하라. 직원 아이디(staff_id), 회원 아이디(users_id), 주문 아이디(id) 컬럼을 활용하라.)

```
SELECT staff_id, COUNT(DISTINCT id) AS orderCnt,
       COUNT(DISTINCT user_id) AS userCnt
    FROM orders
    GROUP BY staff_id
    HAVING orderCnt >= 10 AND userCnt <= 40
    ORDER BY orderCnt DESC
    ;
```

결과화면

| | 123 staff_id | 123 orderCnt | 123 userCnt | |
|---|---|---|---|---|
| 1 | 4 | 38 | 29 | |
| 2 | 1 | 24 | 19 | |
| 3 | 2 | 18 | 16 | |
| 4 | 6 | 15 | 14 | |

직원 아이디별로 담당 주문 건수와 주문한 회원 수가 결괏값으로 출력되었는데, 주문 건수는 10건 이상이고 회원 수는 40명 이하인 행만 표시되었다. HAVING에서는 WHERE에서와 마찬가지로 AND나 OR 조건 연산자로 2개 이상의 조건을 연결할 수 있다.

**</>가 SQL 직독직해**

```
SELECT staff_id, COUNT(DISTINCT id) AS orderCnt,
       COUNT(DISTINCT user_id) AS userCnt
    FROM orders
    GROUP BY staff_id
    HAVING orderCnt >= 10 AND userCnt <= 40
                          └그리고
    ORDER BY orderCnt DESC
    ;
```

**HAVING 정리하기**

HAVING은 GROUP BY와 집계 함수로 그룹별로 집계한 값을 필터링할 때 사용한다.

▶ 정리 1.

```
...
HAVING COUNT(column1) <= 8 ... # 집계 값을 필터링
...
```

HAVING은 앞서 배운 필터링 로직인 WHERE처럼 필터링 기능을 수행하지만, 적용 영역이 다르다. WHERE가 FROM에서 불러온 데이터를 직접 필터링한다면, HAVING은 GROUP BY가 실행된 이후의 집계 함수 값을 필터링한다. 따라서 HAVING은 GROUP BY가 SELECT 문 내에 없다면 사용할 수도 없을뿐더러 사용할 필요도 없다.

▶ 정리 2.

```
...
HAVING COUNT(column1) <= 8  AND AVG(column2) != 9 ... # 다중 조건문
                                                        적용 가능
...
```

HAVING에서는 WHERE와 같이 조건 연산자로 여러 조건문을 연결할 수 있으며, 연산이 적용되지 않은 기본 컬럼은 HAVING 조건문에서 사용할 수 없다.

HAVING은 이 책에서 다루는 SELECT 문의 범위 중 마지막 기능이다. 이제 SELECT 문의 실행 순서를 한번 정리해 보자. 작성 순서와는 달리 컴퓨터는 아래와 같은 순서로 쿼리를 실행한다.

**SELECT 문의 실행 순서**

```
SELECT       ... ⑤
   FROM      ... ①
   WHERE     ... ②
   GROUP BY  ... ③
   HAVING    ... ④
   ORDER BY  ... ⑥
```

컴퓨터는 가장 먼저 FROM(①)을 읽어서 데이터가 저장된 위치에 접근하여 해당 테이블이 존재하는지, 존재한다면 그 테이블을 확인하는 작업을 실행한다.[6] 다음으로는 WHERE(②)를 실행하여 가져올 데이터의 범위를 확인한다. WHERE에 제시된 조건문을 확인하고 필터링하여 가져올 데이터 값의 범위를 결정한다.

그다음 실행되는 부분이 GROUP BY(③)이다. 데이터베이스에서 가져올 범위가 결정된 데이터에 집계 연산을 적용할 수 있게 그룹으로 데이터를 나눈다. HAVING(④)은 바로 다음 순서로 실행된다. 이미 GROUP BY로 그룹화된 상태이므로 집계 값을 조건으로 필터링할 수 있다. WHERE에서 필터링할 수 없었던 집계 값을 이때 필터링한다.

그 후 SELECT(⑤)가 실행되어 필터링 범위와 그룹이 정해진 데이터에서 어떤 컬럼을 가져올지, 어떤 연산을 적용하여 값을 생성할지 결정한다. 그렇게 가져온 데이터에 마지막으로 ORDER BY(⑥)를 적용하여 데이터를 정렬하고 출력한다.

SELECT 문의 실행 순서를 이해하면 쿼리를 효율적으로 작성하고 에러를 해결할 수 있다. 컴퓨터는 순차적으로 SQL 쿼리를 실행하기 때문에 에러 메시지를 보았을 때 쿼리 실행 순서를 알고 있어야 쿼리의 어떤 부분이 문제인지 파악할 수 있다. 또한 쿼리에 익숙해져 숙련자가 될수록 실행 속도에도 신경을 쓰게 될 것이다. 데이터의 규모가 커질수록 쿼리 작성 방식에 따라 실행 속도가 좌우되기 때문이다. 쿼리의 실행 순서를 숙지하고 있어야 쿼리를 효과적으로 작성할 수 있다.

### 3.3.3 연습 문제

1.  주문 정보 테이블 orders에서 회원별 주문 건수를 추출하라. (단, 주문 건수가 7건 이상인 회원의 정보만 추출하고, 주문 건수 기준으로 내림차순 정렬하라. 회원 아이디(user_id)와 주문 아이디(id) 컬럼을 활용하라.)

2.  회원 정보 테이블 users에서 국가(country)별 도시(city) 수와 국가별 회원(id) 수를 추출하라. (단, 도시 수가 5개 이상이고 회원 수가 3명 이상인 정보만 추출하고, 도시 수, 회원 수 기준으로 모두 내림차순 정렬하라.

---

6   4장에서 알아보게 될 데이터를 합치는 조인(JOIN)도 FROM에서 실행된다.

3. 회원 정보 테이블 users에서 아래의 국가(country)에 거주 중인 회원(id)
수를 국가별로 추출하라. (단, 회원 수가 5명 이상인 국가만 추출하고, 회
원 수 기준으로 내림차순 정렬하라.)

"USA", "Brazil", "Korea", "Argentina", "Mexico"

### 3.3.4 정답 코드 예시

1.
```
SELECT user_id, COUNT(DISTINCT id) AS ordCnt
    FROM orders
    GROUP BY user_id
    HAVING ordCnt >= 7
    ORDER BY ordCnt DESC
    ;
```

2.
```
SELECT country, COUNT(DISTINCT city) AS cityCnt, COUNT(DISTINCT id)
                                                AS userCnt
    FROM users
    GROUP BY country
    HAVING cityCnt >= 5 AND userCnt >= 3
    ORDER BY cityCnt DESC, userCnt DESC
    ;
```

3.
```
SELECT country, COUNT(DISTINCT id) AS userCnt
    FROM users
    WHERE country IN ("USA", "Brazil", "Korea", "Argentina",
                      "Mexico")
    GROUP BY country
    HAVING userCnt >= 5
    ORDER BY userCnt DESC
    ;
```

# SQL, 실무에서 어떻게 쓸까?

실무에서는 집계 함수와 GROUP BY, HAVING을 사용해 다양한 데이터를 추출한다.

## ■ 배달 서비스에서 어떻게 쓸까?

1. 2023-08에 음식 분류별(e.g. 한식, 중식, 분식, ...) 주문 건수를 집계한다.

```
SELECT 음식분류, COUNT(DISTINCT 주문아이디) AS 주문건수
    FROM 주문정보
    WHERE 주문시간(월) = '2023-08'
    GROUP BY 음식분류
    ORDER BY 주문건수 DESC
    ;
```

## ■ 차량 대여 서비스에서 어떻게 쓸까?

1. 주행거리가 3000KM 이상인 회원 수를 차량 종류별로 추출한다.

```
SELECT 차량종류, COUNT(DISTINCT 회원아이디) AS 회원수
    FROM 차량운행정보
    GROUP BY 차량종류
    HAVING SUM(주행거리) >= 3000
    ORDER BY 회원수 DESC
    ;
```

## ■ SNS 서비스에서 어떻게 쓸까?

1. 팔로워가 2000명 이상인 회원 수를 국가별로 추출한다.

```
SELECT 국가명, COUNT(DISTINCT 회원아이디) AS 회원수
    FROM 팔로워정보
    GROUP BY 국가명
    HAVING COUNT(DISTINCT 팔로워아이디) >= 2000
    ORDER BY 회원수 DESC
    ;
```

# 04

# 여러 가지 데이터를
# 원하는 대로 합쳐 보자

학습 목표와 범위

## 학습 목표

이 장에서는 여러 테이블에 분산된 데이터를 하나로 모아서 다루는 방법을 살펴보겠다.

데이터를 결합하는 JOIN과 UNION

SQL에서 **JOIN**은 여러 테이블에서 데이터를 가져와 결합하는 기능을 하는데 엑셀에서 사용하는 **VLOOKUP** 함수와 비슷하다. 엑셀 파일 하나에 있는 여러 개의 시트를 하나로 합쳐서 봐야 할 때 VLOOKUP을 사용하는 것처럼 SQL에서도 JOIN을 사용하여 데이터를 결합할 수 있다.

SQL에서 데이터를 다루다 보면 여러 테이블에 나뉘어 있는 데이터를 하나로 모아서 봐야 하는 경우가 자주 생긴다. 관계형 데이터베이스에서는 데이터의 중복을 피하고 쉽게 관리하기 위해 데이터를 여러 곳에 나누어 보관한다.[1]

가령, 어떤 주문을 담당한 직원의 이름을 확인하고 싶은데, 주문 아이디는 orders 테이블에 있고 직원 이름은 staff 테이블에 있으면 쿼리를 어떻게 입력해야 할까? 여러 테이블을 상황에 맞게 연결하는 기능을 익혀 실무에 대비해 보자.

## 학습 범위

- 테이블을 좌우로 결합하는 JOIN
- 테이블을 상하로 결합하는 UNION
- 눈속임 테이블을 임시로 만들어 주는 서브 쿼리(SUB QUERY)

---

1  데이터 분산을 데이터 정규화(data normalization)라고 하며, 관계형 데이터베이스에서 중복을 최소화하고 데이터 일관성을 유지한다.

**테이블을 좌우로 결합하는 JOIN**

실습 데이터에서 주문 정보 테이블 orders와 직원 정보 테이블 staff를 합친다고 생각해 보자. 두 테이블을 합칠 때는 공통되는 부분이 있어야 한다. JOIN은 두 테이블의 컬럼 구성이 달라도 결합하며, 합친 테이블의 컬럼 수는 늘어난다. JOIN은 여러 가지 유형이 있으며, 같은 테이블을 결합하더라도 선택하는 JOIN 유형에 따라 다른 결과가 나온다. 테이블을 결합하는 열쇠이자 테이블 간의 공통 분모인 키(key)에 대해 알아보고, 키 값을 기준으로 JOIN을 수행하는 여러 가지 방법을 살펴보자.

**테이블을 상하로 결합하는 UNION**

JOIN은 테이블을 좌우로 결합하여 결과 데이터의 컬럼 수가 늘어나는 반면 UNION은 컬럼의 구성이 같은 두 쿼리 결과 집합을 상하로 결합한다. 따라서 UNION으로 데이터를 결합한 결과는 결합 전의 컬럼 구성과 같다. 그렇기 때문에 결합 대상인 두 쿼리의 결과 집합은 컬럼 순서와 개수가 같아야 한다.

**눈속임 테이블을 임시로 만들어 주는 서브 쿼리**

데이터가 저장된 상태 그대로 쿼리를 수행하기도 하지만, 쿼리를 수행한 결과를 값이나 조건으로 하여 쿼리를 수행하기도 한다. 즉, 쿼리 속의 쿼리를 사용하기도 하는데 필요한 값이나 테이블이 없으면 임시로 만드는 서브 쿼리(SUB QUERY)의 사용법을 알아 보자.

## 4.1 JOIN

### 4.1.1 컬럼 목록이 다른 두 테이블을 좌우로 결합한다

지금까지는 테이블 하나의 데이터를 핸들링하는 방법을 살펴보았다. 그러나 현업에서는 둘 이상의 테이블을 함께 다뤄야 할 때가 많아 지금까지 알아본 내용만으로는 충분하지 않다.

실습 데이터로 예시를 들어 보자. 만약 국가별로 주문 건수를 알아보고 싶다면 어떻게 해야 할까? 국가 정보는 회원 정보 테이블에 있고, 주문 건수는 주문 정보 테이블의 값을 가지고 계산해야 하는 정보이므로 하나의 테이블만으로는 원하는 정보를 출력할 수 없다. 이렇듯 데이터가 나뉘어 있기 때문에 기존에 학습한 기능만으로는 수행하기 어렵다.

SQL에서는 둘 이상의 테이블을 하나로 결합하는 JOIN 기능을 제공한다. 이 절에서는 JOIN으로 둘 이상의 테이블을 결합하는 방법을 알아본다.

두 테이블의 데이터를 하나로 결합할 때는 여러 조건을 적용할 수 있다. 학교에서 배운 집합의 개념을 떠올리면 좀 더 쉽게 이해할 수 있다. JOIN 역시 두 개의 데이터 집합을 하나로 결합하는 기능인 만큼, 집합의 결합 조건과 밀접한 연관성을 지닌다. 서로 다른 두 테이블 간의 공통 부분인 키를 활용하여 JOIN에서 제공하는 여러 가지 기능을 알아보자.

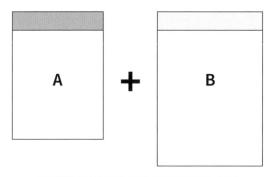

컬럼 구성이 다른 두 테이블을 하나로 결합하는 JOIN

JOIN은 두 테이블을 결합하여 서로 다른 컬럼을 하나로 모으므로, '데이터를 좌우로 합친다'고 생각하면 쿼리를 좀 더 쉽게 이해할 수 있을 것이다. JOIN은 SQL에서 중요한 개념 중 하나지만, 초보자가 많이 어려워하는 개념이기도 하다. 시간이 조금 걸리더라도 여러 번 반복하여 이해한다는 생각으로 천천히 하나씩 알아가 보자.

## 4.1.2 따라 하며 이해하기

**Q1** 회원 정보 테이블 users와 주문 정보 테이블 orders를 하나로 결합하여 출력해 보자. (단, 주문 정보가 있는 회원의 정보만 출력하자.)

```
SELECT *
    FROM users u INNER JOIN orders o ON u.id = o.user_id
    ;
```

**결과화면**

| | 123 id | ᴬᴮᶜ created_at | ᴬᴮᶜ username | ᴬᴮᶜ phone | ᴬᴮᶜ city | ᴬᴮᶜ postalcode | ᴬᴮᶜ country | 123 is_marketing_agree | 123 is_auth | 123 id | 123 user_id | 123 sta |
|---|---|---|---|---|---|---|---|---|---|---|---|---|
| 1 | 34 | 2011-06-28 19:02:31 | jaewun306@never.com | 019-7709-8716 | Vancouver | 97827 | Canada | 1 | 0 | 10,250 | 34 | |
| 2 | 76 | 2013-10-20 19:03:22 | dcc1889@never.com | 019-3619-5191 | Lyon | 70563 | France | 1 | 0 | 10,252 | 76 | |
| 3 | 34 | 2011-06-28 19:02:31 | jaewun306@never.com | 019-7709-8716 | Vancouver | 97827 | Canada | 1 | 0 | 10,253 | 34 | |
| 4 | 14 | 2010-12-24 23:28:45 | ccauccaccn@never.com | 019-3957-8830 | São Paulo | 05432-043 | Brazil | 1 | 0 | 10,254 | 14 | |
| 5 | 68 | 2013-02-27 20:02:27 | miumiu0501@never.com | 019-4841-9198 | CCarleroi | 59801 | Belgium | 1 | 1 | 10,255 | 68 | |
| 6 | 35 | 2011-06-30 19:03:22 | ckdtjfgj@never.com | 019-9794-9494 | Walla Walla | 98128 | USA | 1 | 0 | 10,257 | 35 | |
| 7 | 20 | 2010-12-25 20:02:27 | ty+yunu@never.com | 019-4475-3007 | Torino | 05442-030 | Italy | 1 | 0 | 10,258 | 20 | |
| 8 | 13 | 2010-12-24 20:37:21 | kkwkd0000@never.com | 019-3955-7109 | Graz | 3012 | Austria | 1 | 0 | 10,259 | 13 | |
| 9 | 55 | 2012-11-29 10:59:28 | ganamukic@never.com | 019-5177-7555 | Cunewalde | 75012 | Canada | 1 | 0 | 10,260 | 55 | |
| 10 | 61 | 2012-12-31 20:37:21 | dmktn9595@never.com | 019-3897-9389 | Madrid | 1307 | Spain | 1 | 0 | 10,261 | 61 | |
| 11 | 65 | 2013-02-02 14:23:56 | dnfi5655@never.com | 019-4793-9783 | KabenCavn | 82520 | Denmark | 0 | 1 | 10,262 | 65 | |
| 12 | 20 | 2010-12-25 20:02:27 | ty+yunu@never.com | 019-4475-3007 | Torino | 05442-030 | Italy | 0 | 1 | 10,263 | 20 | |
| 13 | 24 | 2011-01-24 0:02:19 | marketikm@never.com | 019-8810-9699 | Campinas | 80805 | Brazil | 0 | 1 | 10,264 | 24 | |
| 14 | 7 | 2010-10-29 15:03:48 | ty+yunu@never.com | 019-9878-3936 | Bern | 28023 | Switzerland | 0 | 1 | 10,265 | 7 | |
| 15 | 25 | 2011-01-25 0:03:29 | changane@never.com | 019-8898-9904 | Eugene | 44000 | USA | 0 | 1 | 10,267 | 25 | |

users 테이블과 orders 테이블의 정보가 모두 출력되었다. 컬럼 정보를 하나씩 확인해 보면 users의 컬럼과 orders의 컬럼이 한 화면에 전부 출력된 것을 알 수 있다.

쿼리의 의미를 하나씩 살펴보자. 기존에는 테이블명만 작성했던 FROM에 JOIN 연산을 적용하기 위한 문법이 쓰였다. 회원 정보와 주문 정보를 하나로 결합하기 위해 각 테이블명인 users와 orders를 INNER JOIN으로 묶었고, 후속 조건인 '주문 정보가 있는 회원의 정보만 출력'하기 위해 ON 조건으로 두 테이블 간의 교집합을 이어 주었다. 각각의 부분을 좀 더 자세히 살펴보자.

여러 테이블을 하나의 FROM에서 다룰 때에는 별칭을 설정할 수 있다. 마치 SELECT에서 AS로 컬럼에 별칭을 설정한 것처럼 FROM의 테이블에도 별칭을 설정할 수 있다. 각 테이블명 뒤에 공백으로 한 칸 띄우고 사용할 별칭을 작성하면 된다. 이렇게 설정된 별칭은 이후 각 테이블의 개별 컬럼에 접근할 때 사용된다.

제시된 쿼리문 역시 users 테이블의 별칭으로 u를, orders 테이블의 별칭으로 o를 공백으로 구분하여 작성했다. 이렇게 설정한 별칭을 통해 [테이블 별칭].[컬럼명]의 형태로 원하는 컬럼을 지정할 수 있다.

참고 FROM 내의 테이블 별칭 설정

```
...
FROM users u ... orders o ... # 테이블의 별칭 설정
...
```

문제에서 조건은 '주문 정보가 있는 회원의 정보만 출력'하는 것이었다. 즉, 주문 정보 테이블에 회원 아이디가 있어야 하는데, 회원 정보 테이블에는 회원 아이디가 id 컬럼에 기록되어 있고 주문 정보 테이블에는 회원 아이디가 user_id 컬럼에 기록되어 있어 이 둘을 연결해야 한다. 이때 ON을 사용한다. 다음 코드와 같이 테이블 별칭으로 각 컬럼에 접근하여 두 컬럼 값이 일치(=)하는 데이터만 가져오도록 ON 조건을 작성한다.

참고 JOIN에서의 ON

```
...
FROM ... ON u.id = o.user_id  # JOIN 적용 시 비교 기준을 설정하는 ON
...
```

JOIN을 적용한 결과를 좀 더 보기 좋게 정렬해 보자. 다음 코드는 회원 아이디를 기준으로 오름차순 정렬하는 조건이다. ORDER BY에서도 테이블 별칭으로 정렬할 컬럼을 지정할 수 있다.

참고 ORDER BY를 통한 JOIN 결괏값 정리

```
...
ORDER BY u.id  ... # JOIN 결괏값을 회원 아이디 기준으로 오름차순 정렬,
                '.'를 사용해 u 내부 컬럼에 접근
...
```

| | 123 id | created_at | username | phone | city | postalcode | country | 123 is_marketing_agree | 123 is_auth | 123 id | 123 user_id |
|---|---|---|---|---|---|---|---|---|---|---|---|
| 1 | 2 | 2010-10-01 19:01:29 | joejoe@joecompany.com | 019-8445-0497 | Seoul | 99301 | Korea | 1 | 1 | 10,308 | 2 |
| 2 | 3 | 2010-10-03 20:28:39 | lnr01@never.com | 019-9997-1451 | New York | 49981 | USA | 1 | 0 | 10,365 | 3 |
| 3 | 4 | 2010-10-11 9:23:01 | fuxp76@never.com | 019-8799-8837 | Seoul | 98910 | Korea | 1 | 0 | 10,355 | 4 |
| 4 | 4 | 2010-10-11 9:23:01 | fuxp76@never.com | 019-8799-8837 | Seoul | 98910 | Korea | 1 | 0 | 10,383 | 4 |
| 5 | 5 | 2010-10-23 10:39:05 | phk4938@never.com | 019-4688-7780 | Buenos Aire: | 68306 | Argentina | 0 | 1 | 10,278 | 5 |
| 6 | 5 | 2010-10-23 10:39:05 | phk4938@never.com | 019-4688-7780 | Buenos Aire: | 68306 | Argentina | 0 | 1 | 10,280 | 5 |
| 7 | 5 | 2010-10-23 10:39:05 | phk4938@never.com | 019-4688-7780 | Buenos Aire: | 68306 | Argentina | 0 | 1 | 10,384 | 5 |
| 8 | 7 | 2010-10-29 15:03:48 | ty+yunu@never.com | 019-9878-3936 | Bern | 28023 | Switzerland | 0 | 1 | 10,297 | 7 |
| 9 | 7 | 2010-10-29 15:03:48 | ty+yunu@never.com | 019-9878-3936 | Bern | 28023 | Switzerland | 0 | 1 | 10,265 | 7 |
| 10 | 7 | 2010-10-29 15:03:48 | ty+yunu@never.com | 019-9878-3936 | Bern | 28023 | Switzerland | 0 | 1 | 10,436 | 7 |
| 11 | 7 | 2010-10-29 15:03:48 | ty+yunu@never.com | 019-9878-3936 | Bern | 28023 | Switzerland | 0 | 1 | 10,360 | 7 |

회원 정보와 주문 정보를 합친 결과가 u.id 컬럼 기준으로 오름차순 정렬되었다. 이처럼 FROM에 JOIN이 적용된 후에도 단일 테이블에 명령을 내리는 것처럼 쿼리를 작성하면 된다.

두 테이블을 하나로 결합하려면 두 테이블에 공통된 부분이 존재해야 한다. 관계형 데이터베이스에서는 이 부분을 키(key)라고 한다. 관계형 데이터베이스에서 키 값은 테이블에 반드시 1개 이상 존재하도록 설계되어 있고, 테이블에서 개별 행을 유일하게 구분짓는다. 따라서 키 값은 컬럼 내에서 중복되지 않으며 개별 행을 구분해야 하므로 null 값을 가질 수 없다.

키 값은 일상생활에서도 찾아볼 수 있다. 개인별로 하나만 부여되는 주민등록번호나 기기별로 하나만 부여되는 휴대전화 번호 등 한 개체를 고유하게 구분하는 값 역시 키 값이다. 테이블의 각 행은 키 값으로 유일하게 식별할 수 있으므로 이 값을 중복없이 카운트하면 정확히 계산할 수 있다.[2] 3장의 예제에서 id를 가지고 카운트한 것도 이 때문이다.

---

2 키 값은 테이블 내에서 고유한 값을 가지므로 한 테이블에서 개수를 계산할 때 중복되진 않는다. 하지만 여러 테이블을 조인하면 키 값도 중복될 수 있다. 예를 들어 회원 아이디가 7인 사람이 세 번 주문했다면, 회원 정보와 주문 정보를 결합한 결과에는 회원 아이디가 7인 행이 3개 있을 것이다. 이때 '한 번이라도 주문한 회원 수'를 중복 없이 구하려면 회원 아이디를 중복 제거한 뒤에 회원 수를 세어야 한다.

| Key | column1 | column2 | ... |
|---|---|---|---|
| 1 | ... | | |
| 2 | ... | | |
| 3 | ... | | |
| ... | | | |

개별 행을 고유하게 구분해 주는 열쇠, Key

키 값은 기본 키(Primary Key, PK)와 외래 키(Foreign Key, FK)로 나눌 수 있다.
직관적으로 설명하면 PK는 내 것, FK는 남의 것이라고 보면 된다. PK는 각 테
이블이 자체적으로 가지고 있는 고유한 키 값이지만, FK는 다른 테이블이 가지
고 있는 PK를 참조한 키 값이기 때문이다.

FK는 다른 테이블의 고유한 키 값인 PK를 참조한다. 그렇기 때문에 PK 값과
같은 데이터 범주를 가진다. 예를 들어 PK 값이 A, B, C만 있다면 FK 값도 이
값만 가질 수 있다. 또한 중복되지 않는다는 특징을 가진 PK 값과는 달리 참조
하고 있는 관계에 따라 FK에서는 참조 대상인 PK 값이 여러 번 나타날 수 있다
[3]는 특징이 있다.

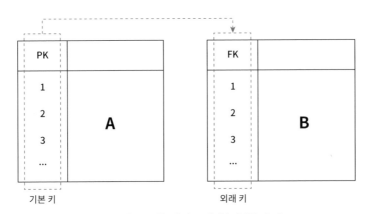

다른 테이블의 PK를 참조하여 두 테이블 관계를 만드는 FK

---

3 FK에서 참조하고 있는 PK와의 관계(e.g. 1:N 관계, N:M 관계)에 따라, PK 하나에 FK가 여러 개 대
응되는 관계에서 FK는 PK 값이 중복되어 나타날 수 있다.

실습 데이터에서도 PK, FK를 찾아볼 수 있다. 제시된 쿼리의 ON 조건을 보면 회원 정보 테이블인 users에 있는 id 컬럼은 해당 테이블의 PK 값이지만, orders 테이블에서는 접두사 user를 붙여서 user_id로 users 테이블의 PK를 가져와서 FK로 사용하고 있음을 명시적으로 밝힌다.[4] 이렇듯 키 값은 여러 테이블에 나뉘어 있는 데이터를 JOIN으로 결합할 때 결합 조건을 지정하는 역할을 하며, 해당 키 값이 어떤 테이블의 값이냐에 따라 PK와 FK로 나뉜다.

> **참고** **INNER JOIN 사용 방법**
>
> ```
> ...
> FROM ... INNER JOIN ... # JOIN 중 하나인 INNER 조건의 JOIN
> ...
> ```

다시 Q1의 쿼리문으로 돌아오자. 앞서 '주문 정보가 있는 회원의 정보만 출력'하려고 INNER JOIN을 사용했다고 언급했다. JOIN이 두 테이블을 하나로 결합하는 역할을 하는 것은 알았지만 INNER JOIN은 무엇일까?

JOIN에는 여러 종류가 있는데, 그중 INNER JOIN은 두 테이블의 키 값이 일치하는 행의 정보만 가져온다. 집합으로 보자면 교집합에 해당하는 정보만 가져오는 것이 INNER JOIN이다.

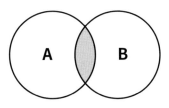

교집합만 불러오는 INNER JOIN

---

4  PK인 경우 해당 테이블의 키 값임이 명확하므로 접두사 없이 id로 바로 썼다.

Q1의 쿼리문은 users 테이블과 orders 테이블의 공통 분모, 즉 users 테이블의 PK인 id와 orders 테이블의 FK인 user_id를 기반으로 해당 키 값이 동일한 행의 정보만 출력[5]한다.

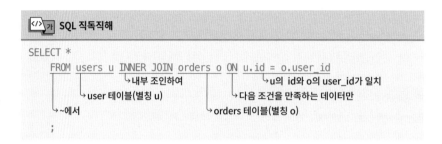

> ▶ INNER JOIN은 JOIN의 한 종류로, 공통된 키 값을 가진 두 테이블을 결합하여 새로운 결과 테이블을 생성한다.
>
> ▶ FROM [테이블1] a INNER JOIN [테이블2] b ON a.[테이블1의 key 컬럼] = b.[테이블2의 key 컬럼]과 같이 사용한다.
>
> ▶ INNER JOIN은 조건으로 제시된 키 값이 일치하는 행의 정보만 표시하며, 일치하는 값이 없는 행은 결과에서 제외한다. 즉, 교집합 부분만 가져온다.

**Q2** 회원 정보 테이블 users와 주문 정보 테이블 orders를 하나로 결합하여 출력해 보자. (단, 주문 정보가 없는 회원의 정보도 모두 출력하자.)

```
SELECT *
    FROM users u LEFT JOIN orders o ON u.id = o.user_id
    ;
```

---

5  결합하여 얻은 결과의 컬럼 수는 조인에 사용된 각 테이블 컬럼 수(m개, n개)의 총합(m+n개)이다.

| | 123 id | ABC created_at | ABC username | ABC phone | ABC city | ABC postalcode | ABC country | 123 is_marketing_agree | 123 is_auth | 123 id | 123 user_id |
|---|---|---|---|---|---|---|---|---|---|---|---|
| 1 | 1 | [NULL] | dev@joecompany.com | 019-9431-9599 | [NULL] | [NULL] | [NULL] | 0 | 0 | [NULL] | [NULL] |
| 2 | 2 | 2010-10-01 19:01:29 | joejoe@joecompany.com | 019-8445-0497 | Seoul | 99301 | Korea | 1 | 1 | 10,308 | 2 |
| 3 | 3 | 2010-10-03 20:28:39 | inr01@never.com | 019-9997-1451 | New York | 49981 | USA | 1 | 0 | 10,365 | 3 |
| 4 | 4 | 2010-10-11 9:23:01 | fuxp76@never.com | 019-8799-8837 | Seoul | 98910 | Korea | 1 | 0 | 10,355 | 4 |
| 5 | 4 | 2010-10-11 9:23:01 | fuxp76@never.com | 019-8799-8837 | Seoul | 98910 | Korea | 1 | 0 | 10,383 | 4 |
| 6 | 5 | 2010-10-23 10:39:05 | phk4938@never.com | 019-4688-7780 | Buenos Aire | 68306 | Argentina | 0 | 1 | 10,278 | 5 |
| 7 | 5 | 2010-10-23 10:39:05 | phk4938@never.com | 019-4688-7780 | Buenos Aire | 68306 | Argentina | 0 | 1 | 10,280 | 5 |
| 8 | 5 | 2010-10-23 10:39:05 | phk4938@never.com | 019-4688-7780 | Buenos Aire | 68306 | Argentina | 0 | 1 | 10,384 | 5 |
| 9 | 6 | 2010-10-23 11:01:59 | tuintumall@never.com | 019-8899-7005 | México D.F. | 67000 | Mexico | 0 | 1 | [NULL] | [NULL] |
| 10 | 7 | 2010-10-29 15:03:48 | ty+yunu@never.com | 019-9878-3936 | Bern | 28023 | Switzerland | 0 | 1 | 10,297 | 7 |
| 11 | 7 | 2010-10-29 15:03:48 | ty+yunu@never.com | 019-9878-3936 | Bern | 28023 | Switzerland | 0 | 1 | 10,265 | 7 |
| 12 | 7 | 2010-10-29 15:03:48 | ty+yunu@never.com | 019-9878-3936 | Bern | 28023 | Switzerland | 0 | 1 | 10,436 | 7 |
| 13 | 7 | 2010-10-29 15:03:48 | ty+yunu@never.com | 019-9878-3936 | Bern | 28023 | Switzerland | 0 | 1 | 10,360 | 7 |
| 14 | 8 | 2010-11-02 19:32:01 | 9019ingk@zmail.com | 019-7738-4377 | São Paulo | 13008 | Brazil | 1 | 0 | 10,326 | 8 |
| 15 | 9 | 2010-12-02 22:19:28 | crakh4560@never.com | 019-6486-5900 | London | T2F 8M4 | UK | 1 | 0 | 10,331 | 9 |

Q1에서 실행한 INNER JOIN처럼 users 테이블과 orders 테이블의 컬럼 정보가 모두 출력됐다. 그러나 이번에는 LEFT JOIN을 적용해서 쿼리를 실행했다. 앞서 실행한 INNER JOIN과 무엇이 다를까?

두 JOIN의 차이점을 이해하려면 행에 집중해야 한다. INNER JOIN은 두 테이블 간의 키 값 조건이 일치하는 행만 결괏값으로 가져왔다. 다시 말해 두 테이블에 모두 존재하는 데이터, 즉 교집합만 불러왔다.

LEFT JOIN은 INNER JOIN의 결괏값인 교집합뿐만 아니라 JOIN 명령문의 왼쪽에 위치한 테이블의 모든 결괏값을 가져온다. 예시에서는 users 테이블이 왼쪽에 있으므로 users 테이블의 모든 결괏값을 가져오는데, 오른쪽 테이블에 대응하는 값이 없는 경우 null 값으로 출력한다. 즉, 두 테이블의 교집합과 교집합에 속하지 않는 왼쪽 차집합을 불러오는 것이다. 왼쪽 테이블 값을 모두 가져오기 때문에 LEFT JOIN으로 부르며 LEFT OUTER JOIN이라고도 한다.

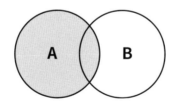

왼쪽 테이블의 값을 모두 불러오는 LEFT JOIN

결괏값을 살펴보면 INNER JOIN 시에는 회원 아이디가 1번인 회원은 출력되지 않았으나(115, 117쪽 그림) LEFT JOIN 시에는 출력되었음(121쪽 그림)을 알 수 있다. 회원 아이디가 1번인 회원은 주문 이력이 없어 orders 테이블에 user_id가 1인 값이 없다. u.id가 1인 데이터는 INNER JOIN에서는 제외되지만, LEFT JOIN에서는 포함된다. 이때 왼쪽(users) 테이블의 컬럼 값은 채워져 있지만, 오른쪽(orders) 테이블의 컬럼 값은 없으므로 null로 표시된다.

LEFT JOIN은 INNER JOIN과 함께 실무에서 자주 쓰인다. 데이터를 결합하는 경우 대부분 한쪽 테이블의 값을 보전해야 할 때가 많은데, 이번 예시에서도 그렇다. 주문 정보가 없는 회원의 정보까지 출력하려면 LEFT JOIN을 활용한다. 왼쪽 테이블에 있는 모든 정보를, 결합 이후에도 남겨 두고 싶을 때 LEFT JOIN 을 활용한다.

결합 후 컬럼 값에 접근할 때는 [테이블 별칭].[컬럼명]으로 내부 컬럼에 접근한다. 두 테이블에 동일한 컬럼이 있을 때, 어떤 것을 지정했는지 명확히 하기 위해서다. 이를 활용해 SELECT에서도 * 대신 표시할 컬럼을 지정할 수 있는데, u.id, u.username, o.order_date처럼 컬럼이 속한 테이블 별칭을 밝히면 된다.

**참고** JOIN 결괏값에서 컬럼 값 선별하기

```
SELECT u.id, u.username, u.country, o.id, o.user_id, o.order_date
...
```

▸ LEFT JOIN은 JOIN의 한 종류로, 공통된 키 값을 가진 두 테이블을 결합하며, 결합 시 왼쪽 테이블의 모든 행을 가져온다.

▸ FROM [테이블1] a LEFT JOIN [테이블2] b ON a.[테이블1의 key 컬럼] = b.[테이블2의 key 컬럼]과 같이 사용한다.

▸ 두 테이블을 결합하되, ON의 조건을 만족하지 않는 데이터도 모두 출력한다는 점에 서 INNER JOIN과 다르다.

▸ 왼쪽 테이블의 키 값이 오른쪽 테이블의 키 값과 매칭되지 않는 행도 가져오되, 왼쪽 테이블 컬럼 값은 모두 출력하고 오른쪽 테이블 컬럼 값은 null로 표시한다.

**Q3** 회원 정보 테이블 users와 주문 정보 테이블 orders를 하나로 결합하여 출력해 보자. (단, 주문 정보가 없는 회원의 정보만 출력하자.)

```
SELECT *
    FROM users u LEFT JOIN orders o ON u.id = o.user_id
    WHERE o.id IS null
    ;
```

결과화면

| | 123 id | ABC created_at | ABC username | ABC phone | ABC city | ABC postalcode | ABC country | 123 in_marketing_agree | 123 is_auth | 123 id | 123 user_id | 123 staff_ |
|---|---|---|---|---|---|---|---|---|---|---|---|---|
| 1 | 1 | [NULL] | dev@joecompany.com | 019-9431-9599 | [NULL] | [NULL] | [NULL] | 0 | 0 | [NULL] | [NULL] | |
| 2 | 6 | 2010-10-23 11:01:59 | tuintumall@never.com | 019-8899-7005 | México D.F. | 67000 | Mexico | 0 | 1 | [NULL] | [NULL] | |
| 3 | 12 | 2010-12-24 19:02:38 | khine1099k@never.com | 019-9994-4914 | London | 5022 | UK | 0 | 1 | [NULL] | [NULL] | |
| 4 | 22 | 2010-12-30 10:32:22 | kkman0196@zmail.com | 019-4590-9199 | Barcelona | 59000 | Spain | 0 | 1 | [NULL] | [NULL] | |
| 5 | 26 | 2011-01-27 1:11:37 | autukmart1@never.com | 019-9535-4690 | Busan | 10190 | Korea | 1 | 0 | [NULL] | [NULL] | |
| 6 | 32 | 2011-05-01 16:28:42 | p8543x@never.com | 019-9616-7547 | Versailles | 05454-876 | France | 0 | 1 | [NULL] | [NULL] | |
| 7 | 40 | 2011-09-08 12:01:28 | kdh1913@never.com | 019-3158-9797 | Portland | V3F 2K1 | USA | 0 | 1 | [NULL] | [NULL] | |
| 8 | 42 | 2011-11-12 13:31:41 | juunrae79@never.com | 019-4935-1470 | Bruxelles | 60528 | Belgium | 1 | 1 | [NULL] | [NULL] | |
| 9 | 43 | 2011-11-18 13:56:33 | companymuunwun@never.com | 019-4535-3599 | Montréal | 94117 | Canada | 1 | 0 | [NULL] | [NULL] | |
| 10 | 45 | 2011-12-30 21:09:08 | hk-dumaemall@never.com | 019-4609-9874 | London | 4980 | UK | 1 | 0 | [NULL] | [NULL] | |
| 11 | 50 | 2012-10-17 16:28:42 | jupazip@never.com | 019-4199-3999 | México D.F. | 4179 | Mexico | 1 | 0 | [NULL] | [NULL] | |
| 12 | 53 | 2012-11-09 19:03:22 | vicxxu@never.com | 019-4693-1969 | Rio de Janeiro | 99508 | Brazil | 1 | 0 | [NULL] | [NULL] | |
| 13 | 57 | 2012-12-14 12:01:28 | marco@joecompany.com | 019-4993-9874 | Madrid | 1307 | Spain | 1 | 0 | [NULL] | [NULL] | |
| 14 | 64 | 2013-01-28 1:38:52 | xccarcude@never.com | 019-9399-3994 | London | 75016 | UK | 0 | 1 | [NULL] | [NULL] | |
| 15 | 74 | 2013-07-10 18:02:01 | fifayuu575@never.com | 019-3085-8541 | Kirkland | 69004 | USA | 1 | 0 | [NULL] | [NULL] | |

제시된 쿼리는 왼쪽 차집합에 해당하는 값만 출력한다. 앞서 실행한 LEFT JOIN 에서 WHERE 조건으로 주문 아이디 o.id가 null이라는 조건만 추가한 쿼리문이 다. LEFT JOIN을 할 때 비교 대상인 키 값이 왼쪽 테이블에만 존재하는 데이터 의 경우, 오른쪽 테이블의 컬럼 값이 null로 표시된다는 점을 이용했다. 오른쪽 orders 테이블 중 id 컬럼 o.id를 지정하여 null 조건을 걸었다.

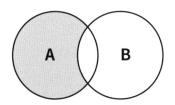

null 값을 활용한 왼쪽 테이블의 차집합 연산

회원 중 주문 정보 테이블에 주문 아이디가 없는 회원은 주문 이력이 없다는 뜻이다. 그렇기 때문에 결과로 도출된 회원 정보는 가입 후 지금까지 한 번도 주문하지 않은 회원[6]의 정보다.

---

6  주문 이력이 없는 회원을 대상으로 첫 구매 프로모션을 진행할 때 이와 같은 형식으로 데이터를 추 출한다.

**</>가 SQL 직독직해**

```
SELECT *
    FROM users u LEFT JOIN orders o ON u.id = o.user_id
    WHERE o.id IS null
                 └→null이다
            └→ o 테이블의 id 컬럼 값이
      └→다음 조건에 해당하는
    ;
```

**Q4** 회원 정보 테이블 users와 주문 정보 테이블 orders를 하나로 결합하고, 추가로 주문 상세 정보 테이블 orderdetails에 있는 데이터도 출력해 보자. (단, 주문 정보가 없는 회원의 주문 정보도 모두 출력하고 다음 컬럼을 출력하자. 회원 아이디(u.id), 이메일(u.username), 연락처(u.phone), 회원 아이디(o.user_id), 주문 아이디(o.id), 주문 아이디(od.order_id), 제품 아이디(od.product_id))

```
SELECT u.id, u.username, u.phone, o.user_id, o.id, od.order_id,
       od.product_id
    FROM
      users u
    LEFT JOIN
      orders o
    ON u.id = o.user_id
    INNER JOIN
      orderdetails od
    ON o.id = od.order_id
    ;
```

**결과화면**

| | 123 id | ABC username | ABC phone | 123 user_id | 123 id | 123 order_id | 123 product_id |
|---|---|---|---|---|---|---|---|
| 1 | 34 | jaewun306@never.com | 019-7709-8716 | 34 | 10,250 | 10,250 | 41 |
| 2 | 34 | jaewun306@never.com | 019-7709-8716 | 34 | 10,250 | 10,250 | 51 |
| 3 | 34 | jaewun306@never.com | 019-7709-8716 | 34 | 10,250 | 10,250 | 65 |
| 4 | 76 | dcc1889@never.com | 019-3619-5191 | 76 | 10,252 | 10,252 | 20 |
| 5 | 76 | dcc1889@never.com | 019-3619-5191 | 76 | 10,252 | 10,252 | 33 |
| 6 | 76 | dcc1889@never.com | 019-3619-5191 | 76 | 10,252 | 10,252 | 60 |
| 7 | 34 | jaewun306@never.com | 019-7709-8716 | 34 | 10,253 | 10,253 | 31 |
| 8 | 34 | jaewun306@never.com | 019-7709-8716 | 34 | 10,253 | 10,253 | 39 |
| 9 | 34 | jaewun306@never.com | 019-7709-8716 | 34 | 10,253 | 10,253 | 49 |
| 10 | 14 | ccauccaccn@never.com | 019-3957-8830 | 14 | 10,254 | 10,254 | 24 |
| 11 | 14 | ccauccaccn@never.com | 019-3957-8830 | 14 | 10,254 | 10,254 | 55 |

FROM 내에서는 JOIN을 중첩해서 횟수 제한 없이 사용할 수 있다. 첫 번째 JOIN 의 ON 절 뒤에, 두 번째 JOIN을 작성하면 된다. 필요한 정보가 셋 이상의 테이블에 나뉘어 있어도, 키 값을 기반으로 연결할 수 있다면 한 번에 조회할 수 있다. 예제 쿼리에서는 LEFT JOIN과 INNER JOIN을 조합하여 주문 정보가 없는 회원의 주문 정보도 포함하여 출력했고 해당 주문 건의 상세 정보까지 표시했다.

**Q5** 회원 정보 테이블 users와 주문 정보 테이블 orders를 하나로 결합하여 출력해 보자. (단, 회원 정보가 없는 주문 정보도 모두 출력하자.)

```
SELECT *
    FROM users u RIGHT JOIN orders o ON u.id = o.user_id
    ;
```

**결과화면**

| | 123 id | ABC created_at | ABC username | ABC phone | ABC city | ABC postalcode | ABC country | 123 is_marketing_agree | 123 is_auth | 123 id | 123 user_id | 123 staff_id |
|---|---|---|---|---|---|---|---|---|---|---|---|---|
| 1 | 2 | 2010-10-01 19:01:29 | joejoe@joecompany.com | 019-8445-0497 | Seoul | 99301 | Korea | 1 | 1 | 10,308 | 2 | |
| 2 | 3 | 2010-10-03 20:28:39 | inr01@never.com | 019-9997-1451 | New York | 49981 | USA | 1 | 0 | 10,365 | 3 | |
| 3 | 4 | 2010-10-11 9:23:01 | fuxp76@never.com | 019-8799-8837 | Seoul | 98910 | Korea | 1 | 0 | 10,355 | 4 | |
| 4 | 4 | 2010-10-11 9:23:01 | fuxp76@never.com | 019-8799-8837 | Seoul | 98910 | Korea | 1 | 0 | 10,383 | 4 | |
| 5 | 5 | 2010-10-23 10:39:05 | phk4938@never.com | 019-4688-7780 | Buenos Aires | 68306 | Argentina | 0 | 1 | 10,278 | 5 | |
| 6 | 5 | 2010-10-23 10:39:05 | phk4938@never.com | 019-4688-7780 | Buenos Aires | 68306 | Argentina | 0 | 1 | 10,280 | 5 | |
| 7 | 5 | 2010-10-23 10:39:05 | phk4938@never.com | 019-4688-7780 | Buenos Aires | 68306 | Argentina | 0 | 1 | 10,384 | 5 | |
| 8 | 7 | 2010-10-29 15:03:48 | ty+yunu@never.com | 019-9878-3936 | Bern | 28023 | Switzerland | 0 | 1 | 10,265 | 7 | |
| 9 | 7 | 2010-10-29 15:03:48 | ty+yunu@never.com | 019-9878-3936 | Bern | 28023 | Switzerland | 0 | 1 | 10,297 | 7 | |
| 10 | 7 | 2010-10-29 15:03:48 | ty+yunu@never.com | 019-9878-3936 | Bern | 28023 | Switzerland | 0 | 1 | 10,360 | 7 | |
| 11 | 7 | 2010-10-29 15:03:48 | ty+yunu@never.com | 019-9878-3936 | Bern | 28023 | Switzerland | 0 | 1 | 10,436 | 7 | |
| 12 | 8 | 2010-11-02 19:32:01 | 9019ingk@zmail.com | 019-7738-4377 | São Paulo | 13008 | Brazil | 1 | 0 | 10,326 | 8 | |
| 13 | 9 | 2010-12-02 22:19:28 | crakh4560@never.com | 019-6486-5900 | London | T2F 8M4 | UK | 1 | 0 | 10,331 | 9 | |
| 14 | 9 | 2010-12-02 22:19:28 | crakh4560@never.com | 019-6486-5900 | London | T2F 8M4 | UK | 1 | 0 | 10,340 | 9 | |
| 15 | 9 | 2010-12-02 22:19:28 | crakh4560@never.com | 019-6486-5900 | London | T2F 8M4 | UK | 1 | 0 | 10,362 | 9 | |

RIGHT JOIN은 LEFT JOIN과 기능이 같다. LEFT JOIN에서는 왼쪽에 위치한 테이블의 모든 값을 가져왔다면 RIGHT JOIN에서는 오른쪽에 위치한 테이블의 모든 값을 가져온 데이터의 결합 결과를 출력할 뿐이다.

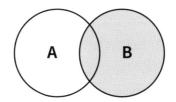

오른쪽 테이블의 값을 모두 불러오는 RIGHT JOIN

예제 쿼리의 결과 화면은 INNER JOIN과 같은데, 그 이유는 예시로 사용한 두 테이블 간의 포함 관계 때문이다. 예제의 가상 웹사이트에서는 가입을 해야 주문할 수 있다. 따라서 users 테이블에 id가 없는 회원의 정보는 orders 테이블에 있을 수 없다. 따라서 주문 정보 테이블의 user_id 컬럼은 모두 회원 정보 테이블의 id 컬럼에 있는 값이다. 집합으로 보면 오른쪽 차집합 부분이 없으므로 INNER JOIN과 결과가 동일하다.

많은 기업에서는 RIGHT JOIN 대신 LEFT JOIN만 사용하도록 권장한다. 테이블의 좌우 위치만 바꾸면 두 결합 방식의 기능이 완전히 같기 때문이다.

**Q6** 회원 정보 테이블 users와 주문 정보 테이블 orders의 모든 가능한 행 조합을 만들어 내는 SQL 쿼리를 작성해 보자.

```
SELECT *
    FROM users u CROSS JOIN orders o
    ORDER BY u.id
    ;
```

결과화면

| | 123 id | ᴬᴮᶜ created_at | ᴬᴮᶜ username | ᴬᴮᶜ phone | ᴬᴮᶜ city | ᴬᴮᶜ postalcode | ᴬᴮᶜ country | 123 is_marketing_agree | 123 is_auth | 123 id | 123 user_id | 123 staff_id | ᴬᴮᶜ orde |
|---|---|---|---|---|---|---|---|---|---|---|---|---|---|
| 1 | 1 | [NULL] | dev@joecompany.com | 019-9431-9599 | [NULL] | [NULL] | [NULL] | 0 | 0 | 10,443 | 66 | 3 | 2016-0 |
| 2 | 1 | [NULL] | dev@joecompany.com | 019-9431-9599 | [NULL] | [NULL] | [NULL] | 0 | 0 | 10,434 | 24 | 3 | 2016-0 |
| 3 | 1 | [NULL] | dev@joecompany.com | 019-9431-9599 | [NULL] | [NULL] | [NULL] | 0 | 0 | 10,432 | 75 | 3 | 2016-0 |
| 4 | 1 | [NULL] | dev@joecompany.com | 019-9431-9599 | [NULL] | [NULL] | [NULL] | 0 | 0 | 10,435 | 16 | 3 | 2016-0 |
| 5 | 1 | [NULL] | dev@joecompany.com | 019-9431-9599 | [NULL] | [NULL] | [NULL] | 0 | 0 | 10,436 | 7 | 3 | 2016-0 |
| 6 | 1 | [NULL] | dev@joecompany.com | 019-9431-9599 | [NULL] | [NULL] | [NULL] | 0 | 0 | 10,431 | 10 | 4 | 2016-0 |
| 7 | 1 | [NULL] | dev@joecompany.com | 019-9431-9599 | [NULL] | [NULL] | [NULL] | 0 | 0 | 10,442 | 20 | 3 | 2016-0 |
| 8 | 1 | [NULL] | dev@joecompany.com | 019-9431-9599 | [NULL] | [NULL] | [NULL] | 0 | 0 | 10,433 | 60 | 3 | 2016-0 |
| 9 | 1 | [NULL] | dev@joecompany.com | 019-9431-9599 | [NULL] | [NULL] | [NULL] | 0 | 0 | 10,439 | 51 | 6 | 2016-0 |
| 10 | 1 | [NULL] | dev@joecompany.com | 019-9431-9599 | [NULL] | [NULL] | [NULL] | 0 | 0 | 10,440 | 71 | 4 | 2016-0 |
| 11 | 1 | [NULL] | dev@joecompany.com | 019-9431-9599 | [NULL] | [NULL] | [NULL] | 0 | 0 | 10,430 | 20 | 4 | 2016-0 |
| 12 | 1 | [NULL] | dev@joecompany.com | 019-9431-9599 | [NULL] | [NULL] | [NULL] | 0 | 0 | 10,441 | 55 | 3 | 2016-0 |
| 13 | 1 | [NULL] | dev@joecompany.com | 019-9431-9599 | [NULL] | [NULL] | [NULL] | 0 | 0 | 10,429 | 37 | 3 | 2016-0 |
| 14 | 1 | [NULL] | dev@joecompany.com | 019-9431-9599 | [NULL] | [NULL] | [NULL] | 0 | 0 | 10,347 | 21 | 4 | 2015-11 |
| 15 | 1 | [NULL] | dev@joecompany.com | 019-9431-9599 | [NULL] | [NULL] | [NULL] | 0 | 0 | 10,361 | 63 | 1 | 2015-11 |

CROSS JOIN은 두 집합을 조합해 만들 수 있는 모든 경우를 생성하는 카테시안 곱(cartesian product)을 출력한다. u.id 컬럼 기준으로 정렬했다.

u.id와 o.user_id를 연결하는 등의 조건 없이 두 테이블의 모든 행을 합쳐서 만들 수 있는 모든 경우의 수를 만드는 것이다. 가령 10행인 테이블과 20행인 테이블을 CROSS JOIN하면 결과 테이블은 10x20인 200행이 되며 이외의 경우는 존재하지 않는다. 이렇듯 CROSS JOIN은 모든 경우의 수를 구하므로 ON 조건을 설정할 필요가 없다.

정리하면 JOIN은 두 테이블의 행을 서로 조합하는 과정인데, 여러 가지 JOIN을 쓰고, ON 조건을 활용하면 전체 경우의 수에서 어떤 행만 가져올지 정할 수 있다.

조인에는 전체 집합을 구하는 FULL OUTER JOIN도 있는데, 이는 CROSS JOIN과는 다르다. FULL OUTER JOIN은 LEFT JOIN의 결괏값과 RIGHT JOIN의 결괏값을 중복 없이 결합하는 개념, 집합으로 보면 합집합에 해당한다. 전체를 구하는 컨셉은 유사하나 차이점이 명확하므로 구분해서 사용해야 한다.

실제 운영 환경에서는 CROSS JOIN을 제한하는 편이다. CROSS JOIN은 컴퓨터에 많은 연산을 요구하는데 실질적으로 쓸모가 거의 없기 때문이다.

가령 1천만 줄의 테이블과 2천만 줄의 테이블을 CROSS JOIN으로 결합하면 어떻게 될까? 1천만×2천만 번의 연산을 수행해야 하는데, 데이터베이스에 많은 부하를 줄 것이다. 적절한 JOIN 문법을 익혀 되도록이면 CROSS JOIN을 사용하지 않기를 권장한다.

▶ CROSS JOIN은 두 테이블 간의 모든 가능한 조합을 생성하는 데 사용된다.
▶ CROSS JOIN은 ON 조건 없이 행의 모든 조합을 생성한다.

## 📋 JOIN 정리하기

JOIN은 두 테이블을 하나로 결합할 때 사용한다. 여러 곳에 기록된 데이터를 마치 하나의 테이블처럼 합칠 때 필요하다.

### ▶ 정리 1. 기본 형식

```
...
FROM
    [테이블1] a [사용할 JOIN 명령어] [테이블2] b
    ON [JOIN 조건]
...
```

JOIN은 FROM에서 수행된다. 3장에서 살펴봤듯이 쿼리 진행 순서상 FROM이 가장 먼저 실행되므로 JOIN이 수행된 뒤에 다른 명령어가 실행된다. JOIN 사용 시, 결합할 두 테이블 사이에 원하는 JOIN 명령어를 작성하고, 테이블의 별칭을 설정한다.

또한 두 테이블에 공통된 컬럼 값인 키 값이 존재해야만 JOIN으로 결합할 수 있다. 키 값은 여러 개가 있을 수 있어, 어떤 값을 기준으로 할지 ON에서 명시한다. 다중 키 값을 설정할 때는 ON에서 각 조건을 AND로 연결한다.

### ▶ 정리 2. JOIN 중첩하기

```
...
FROM
      [테이블1] a
[사용할 JOIN 명령어]
      [테이블2] b
ON [JOIN 조건 1]
[사용할 JOIN 명령어]
      [테이블3] c
ON [JOIN 조건 2]
...
```

FROM 내에서 JOIN을 여러 번 중첩해서 사용할 수 있다. 앞의 JOIN의 ON 절 뒤에 새로운 JOIN 명령어를 작성하면, 제3의 테이블과 결합할 수 있다. ON에서는 앞에서 JOIN 했던 두 테이블 중 하나와 제3의 테이블의 키 값을 연결하면 된다. JOIN의 중첩은 횟수 제한이 없지만, 테이블 크기에 따라 많은 연산이 필요할 수 있어 사용 전에 꼭 필요한 연산인지 확인해야 한다.

### ▶ 정리 3. INNER JOIN

```
...
FROM
    [테이블1] a INNER JOIN [테이블2] b
    ON a.key = b.key
...
```

INNER JOIN은 각 테이블의 키 값이 일치하는 행만 가져온다. 집합으로 보면 교집합에 해당하는 데이터만 가져오는 것이다. 가장 기본적인 JOIN 문으로, 간혹 INNER를 생략하고 JOIN만 적어 사용하기도 하나, 가독성을 높이기 위해 명시적으로 INNER를 밝혀 작성하기를 권장한다.

## ▶ 정리 4. OUTER JOIN (LEFT/RIGHT/FULL)

```
...
FROM
    [테이블1] a <LEFT/RIGHT/FULL> OUTER JOIN [테이블2] b
    ON a.key = b.key
...
```

OUTER JOIN은 LEFT OUTER JOIN, RIGHT OUTER JOIN, FULL OUTER JOIN을 포괄하는 용어이며, 각각 LEFT JOIN, RIGHT JOIN, FULL JOIN처럼 줄일 수 있다.

LEFT JOIN은 왼쪽 테이블의 모든 데이터 값을 결과에 포함한다. 반대로 RIGHT JOIN은 오른쪽 테이블의 모든 데이터 값을 결과에 포함한다. 두 JOIN 문은 대상 테이블의 위치만 다를 뿐 기능은 같다. 실무 환경에서는 LEFT JOIN만 사용하고 대상 테이블의 위치를 변경하는 방식으로 사용하자.

FULL OUTER JOIN은 JOIN의 왼쪽과 오른쪽에 있는 테이블의 모든 값을 결과에 포함한다. 다시 말하자면 LEFT JOIN과 RIGHT JOIN의 결괏값이 중복 없이 결합된 형태라고 볼 수 있다. 집합으로 보면 두 집합의 합집합에 해당한다. FULL OUTER JOIN은 데이터베이스 종류에 따라 기능을 지원하지 않기도 한다.

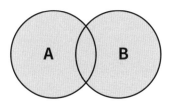

합집합 연산 - FULL OUTER JOIN

## ▶ 정리 5. CROSS JOIN

```
...
FROM
    [테이블1] a CROSS JOIN [테이블2] b
...
```

CROSS JOIN은 두 테이블을 결합했을 때 각 테이블의 행으로 만들 수 있는 모든 조합을 결괏값으로 도출하는 연산이다. 이를 집합론에서는 카테시안 곱이라고 부른다. CROSS JOIN을 사용하면 행 수가 매우 많아질 수 있으므로 주의하자.

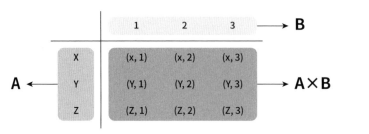

전체 경우를 생성하는 카테시안 곱에 해당하는 CROSS JOIN

CROSS JOIN에서는 다른 JOIN과는 달리 ON 조건을 작성할 필요가 없다. 조건 없이 모든 경우의 수를 생성하기 때문이다. CROSS JOIN은 두 테이블을 모두 결합하는 형태이므로 한 테이블의 행과 다른 테이블의 행을 모두 조합하여 결괏값을 만들어 낸다.

FULL OUTER JOIN과 CROSS JOIN을 혼동할 수 있으나, FULL OUTER JOIN은 ON 조건에 부합할 때만 결괏값을 만들어 낸다. 둘의 차이점을 잘 인지하여 필요에 따라 정확한 JOIN 문을 작성하자.

### 4.1.3 연습 문제

1. 회원 정보 테이블 users와 직원 정보 테이블 staff를 참고하여 회원 중 직원인 사람의 회원 아이디(id), 이메일(username), 거주 도시(city), 거주 국가(country), 성(last name), 이름(first_name)을 한 화면에 출력하라.

2. 직원 정보 테이블 staff와 주문 정보 테이블 orders를 참고하여 직원 아이디가 3번, 5번인 직원의 담당 주문을 출력하라. 단, 직원 아이디(id), 직원의 성(last name), 주문 아이디(id), 주문일자(order date)만 출력하라.

3. 회원 정보 테이블 users와 주문 정보 테이블 orders를 참고하여 회원 국가(country)별 주문 건수를 내림차순으로 출력하라.

4. 주문 정보 테이블 orders와 주문 상세 정보 테이블 orderdetails, 제품 정보 테이블 products를 참고하여 회원 아이디별 주문 금액의 총합을 정상 가격(price)과 할인 가격(discount_price) 기준으로 각각 구하라. 단, 정상 가격 주문 금액의 총합 기준으로 내림차순 정렬하라.

**5.** 다음 조건의 테이블이 있다고 가정하자.

- 왼쪽 테이블 A: 컬럼 개수 5개 / 150행
- 오른쪽 테이블 B: 컬럼 개수 7개 / 100행
- 두 테이블은 공통 키 값 컬럼을 1개 보유

위 조건의 두 테이블을 CROSS JOIN/LEFT JOIN/RIGHT JOIN/INNER JOIN으로 결합했을 때 결과 테이블의 행과 열의 개수를 계산하세요.

## 4.1.4 정답 코드 예시

**1.**
```
SELECT u.id, u.username, u.city, u.country, s.last_name,
    s.first_name
  FROM
    users u
  LEFT JOIN ## INNER JOIN 사용 가능
    staff s
  ON u.id = s.user_id
  ;
```

**2.**
```
SELECT s.id, s.last_name, o.id, o.order_date
  FROM
    staff s
  LEFT JOIN
    orders o
  ON s.id = o.staff_id
  WHERE s.id IN(3, 5)
  ;
```

**3.**
```
SELECT u.country, COUNT(DISTINCT o.id) AS ordCnt
  FROM
    users u
  LEFT JOIN
    orders o
  ON u.id = o.user_id
  GROUP BY u.country
  ORDER BY ordCnt DESC
  ;
```

4.

```
SELECT
  o.user_id
  , SUM(price * quantity) AS sumPrice
  , SUM(discount_price * quantity) AS sumDiscountPrice
    FROM
      orders o
    LEFT JOIN
      orderdetails od
    ON o.id = od.order_id
    INNER JOIN
      products p
    ON od.product_id = p.id
    GROUP BY o.user_id
    ORDER BY sumPrice DESC
    ;
```

5.

```
## CROSS JOIN
행수: 15000행 (150행 x 100행)
열수: 12개 (5개 + 7개)

## LEFT JOIN
행수: 최소 150행, 최대 15000행
열수: 12개 (5개 + 7개)

## RIGHT JOIN
행수: 최소 100행, 최대 15000행
열수: 12개 (5개 + 7개)

## INNER JOIN
행수: 최소 0행, 최대 15000행
열수: 12개 (5개 + 7개)
```

## 4.2 UNION

### 4.2.1 컬럼 목록이 같은 데이터를 위아래로 결합한다

여러 가지 조건을 적용해 데이터를 좌우로 결합하는 JOIN을 알아보았다. JOIN
은 컬럼 목록이 다른 두 테이블을 결합하는데, 공통된 키 값으로 데이터를 연
결한다. 그러면 컬럼 목록이 같은 데이터를 결합하려면 어떻게 해야 할까?

이 절에서는 데이터를 위아래로 수직 결합해 주는 기능인 UNION을 알아볼 예정이다. UNION은 컬럼의 형식과 개수가 같은 두 데이터 결과 집합을 하나로 결합하는 기능이다.

결합한다는 기능만 보면 JOIN과 유사하나 여러 가지 조건을 설정해야 하는 JOIN과는 달리 UNION은 컬럼의 형식과 개수만 동일하면 결합이 가능하다. JOIN과의 차이점을 염두에 두고 실제 쿼리를 작성해 보며 UNION이 어떻게 작동하는지 알아보자.

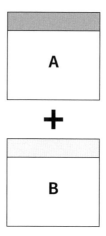

컬럼 형식이 같은 두 결과 집합을 결합하는 UNION

## 4.2.2 따라 하며 이해하기

**Q1** 회원 정보 테이블 users를 풀 스캔한 결과 집합에서 각 행을 2번씩 출력해 보자.

```
(
    SELECT *
        FROM users
)
UNION
(
    SELECT *
        FROM users
)
;
```

| # | 123 id | ABC created_at | ABC username | ABC phone | ABC city | ABC postalcode | ABC country | 123 is_marketing_agree | 123 is_auth |
|---|---|---|---|---|---|---|---|---|---|
| 1 | 1 | [NULL] | dev@joecompany.com | 019-9431-9599 | [NULL] | [NULL] | [NULL] | 0 | 0 |
| 2 | 2 | 2010-10-01 19:01:29 | joejoe@joecompany.com | 019-8445-0497 | Seoul | 99301 | Korea | 1 | 1 |
| 3 | 3 | 2010-10-03 20:28:39 | inr01@never.com | 019-9997-1451 | New York | 49981 | USA | 1 | 0 |
| 4 | 4 | 2010-10-11 9:23:01 | fuxp76@never.com | 019-8799-8837 | Seoul | 98910 | Korea | 1 | 0 |
| 5 | 5 | 2010-10-23 10:39:05 | phk4938@never.com | 019-4688-7780 | Buenos Aires | 68306 | Argentina | 0 | 1 |
| 6 | 6 | 2010-10-23 11:01:59 | tuintumall@never.com | 019-8899-7005 | México D.F. | 67000 | Mexico | 0 | 1 |
| 7 | 7 | 2010-10-29 15:03:48 | ty+yunu@never.com | 019-9878-3936 | Bern | 28023 | Switzerland | 0 | 1 |
| 8 | 8 | 2010-11-02 19:32:01 | 9019ingk@zmail.com | 019-7738-4377 | São Paulo | 13008 | Brazil | 1 | 0 |
| 9 | 9 | 2010-12-02 22:19:28 | crakh4560@never.com | 019-6486-5900 | London | T2F 8M4 | UK | 1 | 0 |
| 10 | 10 | 2010-12-11 15:02:34 | yukiadadaken@joecompany.com | 019-9997-1451 | Seoul | EC2 5NT | Korea | 0 | 1 |

쿼리를 실행했으나 얼핏 보면 회원 정보 테이블을 단일 쿼리로 조회한 결과와 다른 점이 없어 보인다. UNION을 실행한 결과를 id 기준으로 정렬해서 다시 확인해 보자.

**참고** UNION 실행 결과 정렬

```
...
ORDER BY id ASC # 가장 마지막 행에 ORDER BY 조건을 추가하여 UNION 결과를 정렬
...
```

UNION으로 결합한 뒤, 마지막 행에 ORDER BY 조건을 추가해서 정렬할 수 있다. 결과를 다시 확인해도 차이는 없다. 그렇다면 UNION은 결합하는 기능이라고 했는데 왜 단일 쿼리와 동일한 결과가 출력될까?

UNION은 결합하는 두 결과 집합에 대해 중복 제거 기능이 포함되어 있기 때문이다. 즉, 둘 이상의 행에서 컬럼 값이 모두 같다면 중복을 제외한 결과를 출력한다. 예제 Q1의 쿼리에서는 UNION으로 결합한 두 결과 집합이 모두 회원 정보 테이블로 동일했기 때문에 중복된 행을 제거하면 단일 쿼리문으로 회원 정보 테이블을 출력할 때와 결과가 같다.

**</> SQL 직독직해**

```
(
    SELECT *
        FROM users
)
UNION
```
↳테이블을 위아래로 결합하여(중복 값 제거)

```
(
    SELECT *
        FROM users
)
;
```

중복을 제거하지 않고 출력하려면 어떻게 해야 할지 다음 예제에서 알아보자.

**Q2** 회원 정보 테이블 users를 풀 스캔한 결과 집합에서 각 행을 2번씩 출력해 보자.
(단, 중복된 행을 제거하지 않고 출력하자.)

```
(
    SELECT *
        FROM users
)
UNION ALL
(
    SELECT *
        FROM users
)
ORDER BY id ASC
;
```

결과화면

| # | 123 id | ᴬᴮᶜ created_at | ᴬᴮᶜ username | ᴬᴮᶜ phone | ᴬᴮᶜ city | ᴬᴮᶜ postalcode | ᴬᴮᶜ country | 123 is_marketing_agree | 123 is_auth |
|---|---|---|---|---|---|---|---|---|---|
| 1 | 1 | [NULL] | dev@joecompany.com | 019-9431-9599 | [NULL] | [NULL] | [NULL] | 0 | 0 |
| 2 | 1 | [NULL] | dev@joecompany.com | 019-9431-9599 | [NULL] | [NULL] | [NULL] | 0 | 0 |
| 3 | 2 | 2010-10-01 19:01:29 | joejoe@joecompany.com | 019-8445-0497 | Seoul | 99301 | Korea | 1 | 1 |
| 4 | 2 | 2010-10-01 19:01:29 | joejoe@joecompany.com | 019-8445-0497 | Seoul | 99301 | Korea | 1 | 1 |
| 5 | 3 | 2010-10-03 20:28:39 | inr01@never.com | 019-9997-1451 | New York | 49981 | USA | 1 | 0 |
| 6 | 3 | 2010-10-03 20:28:39 | inr01@never.com | 019-9997-1451 | New York | 49981 | USA | 1 | 0 |
| 7 | 4 | 2010-10-11 9:23:01 | fuxp76@never.com | 019-8799-8837 | Seoul | 98910 | Korea | 1 | 0 |
| 8 | 4 | 2010-10-11 9:23:01 | fuxp76@never.com | 019-8799-8837 | Seoul | 98910 | Korea | 1 | 0 |
| 9 | 5 | 2010-10-23 10:39:05 | phk4938@never.com | 019-4688-7780 | Buenos Aires | 68306 | Argentina | 0 | 1 |
| 10 | 5 | 2010-10-23 10:39:05 | phk4938@never.com | 019-4688-7780 | Buenos Aires | 68306 | Argentina | 0 | 1 |

users 테이블의 모든 행이 두 번씩 반복되어 출력되었다. UNION은 결합 후 중복
제거 연산을 수행한다고 했는데, UNION ALL은 중복 제거 로직 없이 결합된 결괏
값을 모두 출력하므로 반복된 행을 확인할 수 있다.

```
(
    SELECT *
        FROM users
)
UNION ALL
 └→테이블을 위아래로 결합하여(중복 값 포함)
(
    SELECT *
        FROM users
)
ORDER BY id ASC
;
```

UNION/UNION ALL을 사용할 때 두 대상의 컬럼 형식이 일치하는지 반드시 확인해야 한다. 컬럼 순서, 컬럼명, 컬럼 값의 데이터 타입이 모두 같아야 정상적으로 동작하기 때문이다. 다음과 같이 개별 쿼리문의 SELECT 부분을 수정해서 다시 실행해 보자.

**참고**  UNION ALL 사용 시 SELECT에서 컬럼 선별 예시

```
(
    SELECT id, phone, city, country # 일부 컬럼만 지정해서 출력
        FROM users
)
UNION ALL
(
    SELECT id, phone, city, country # 위의 SELECT 문과 컬럼이 정확히 일치해야 함
        FROM users
)
ORDER BY id
;
```

| 🔒 | 123 id ▼‡ | ᴿᴮᶜ phone ▼‡ | ᴿᴮᶜ city ▼‡ | ᴿᴮᶜ country ▼‡ |
|---|---|---|---|---|
| 1 | 1 | 019-9431-9599 | [NULL] | [NULL] |
| 2 | 1 | 019-9431-9599 | [NULL] | [NULL] |
| 3 | 2 | 019-8445-0497 | Seoul | Korea |
| 4 | 2 | 019-8445-0497 | Seoul | Korea |
| 5 | 3 | 019-9997-1451 | New York | USA |
| 6 | 3 | 019-9997-1451 | New York | USA |
| 7 | 4 | 019-8799-8837 | Seoul | Korea |
| 8 | 4 | 019-8799-8837 | Seoul | Korea |
| 9 | 5 | 019-4688-7780 | Buenos Aires | Argentina |
| 10 | 5 | 019-4688-7780 | Buenos Aires | Argentina |

UNION/UNION ALL로 컬럼명을 지정한 결과 집합 두 개를 결합할 때, 컬럼명이 모두 일치해야 정상적으로 결합된다. 결합 대상인 두 테이블이 행까지 같은 내용일 필요는 없지만, 컬럼 형태가 같아야 결합이 가능하므로 UNION/UNION ALL을 사용할 때 유의하자.

실무에서는 UNION ALL 사용이 더 권장된다. UNION을 사용하면 대량의 데이터를 대상으로 중복 항목을 제거할 때 컴퓨터에 무리한 연산 부하를 줄 수 있기 때문이다. 따라서 꼭 필요하지 않다면 UNION ALL을 먼저 적용하여 최종 결과의 형태를 살펴보기를 권한다.

▶ UNION과 UNION ALL은 모두 두 개의 데이터를 위아래로 합치는 데 사용한다.

▶ UNION은 두 데이터의 결과를 중복을 제거하고 합치는 반면에 UNION ALL은 중복을 제거하지 않고 단순히 두 데이터의 결과를 모두 합친다.

▶ 결합 대상인 두 SELECT 문의 컬럼 순서, 컬럼명, 컬럼 값의 데이터 타입이 일치해야 한다.

**Q3** 회원 정보 테이블 users에서 거주 국가(country)가 한국(Korea)인 회원 정보만 추출하고, 멕시코(Mexico)인 회원 정보만 추출하여 결합해 보자. (단, 컬럼은 회원 아이디(id), 연락처(phone), 거주 도시(city), 거주 국가(country)만 출력하고, 최종 결과 집합은 거주 국가 기준 알파벳순으로 정렬하자.)

```
(
    SELECT id, phone, city, country
        FROM users
```

```
        WHERE country = 'Korea'
)
UNION ALL
(
    SELECT id, phone, city, country
        FROM users
        WHERE country = 'Mexico'
)
ORDER BY country ASC
;
```

**결과화면**

| | 123 id | ABC phone | ABC city | ABC country |
|---|---|---|---|---|
| 1 | 2 | 019-8445-0497 | Seoul | Korea |
| 2 | 28 | 019-5678-5799 | Busan | Korea |
| 3 | 17 | 019-3334-7734 | Seoul | Korea |
| 4 | 4 | 019-8799-8837 | Seoul | Korea |
| 5 | 38 | 019-9965-3809 | Busan | Korea |
| 6 | 26 | 019-9535-4690 | Busan | Korea |
| 7 | 10 | 019-9997-1451 | Seoul | Korea |
| 8 | 39 | 019-7484-7715 | Busan | Korea |
| 9 | 72 | 019-9934-9096 | México D.F. | Mexico |
| 10 | 6 | 019-8899-7005 | México D.F. | Mexico |
| 11 | 50 | 019-4199-3999 | México D.F. | Mexico |

한국과 멕시코에 거주 중인 회원의 회원 아이디, 연락처, 거주 도시, 거주 국
가 정보가 출력되었다. UNION이나 UNION ALL을 사용할 때에는 개별 쿼리에서
WHERE를 활용해 필터링하는 것을 권장한다. 결합 이전에 대상 데이터를 줄이면
연산의 효율성이 높아지기 때문이다.

> ### 📋 UNION 정리하기
>
> UNION은 데이터 결괏값을 수직 형태인 위아래로 결합한다. 컬럼명, 컬럼 값의 데이터 타입, 컬
> 럼의 순서, 컬럼의 개수 등 컬럼 형식이 같아야만 정상적으로 동작하므로, 결합하기 전에 컬럼
> 형식에 신경 써서 쿼리를 작성해야 한다.
> UNION 명령어는 UNION과 UNION ALL 둘로 크게 나뉘는데, 이 둘의 가장 큰 차이점은 중복 제거
> 연산의 수행 여부이다.

# ▶ 정리 1

```
(
    ... # SELECT 쿼리문 ①
)
UNION
(
    ... # SELECT 쿼리문 ②
)
```

UNION 사용 시 개별 쿼리문을 UNION을 사이에 두고 위아래로 작성한다. 개별 SELECT 문을 반드시 괄호로 감싸야 동작하는 건 아니지만, 가독성을 높이기 위해 괄호로 감싸서 작성하는 습관을 들이자.

UNION은 결합 후 중복을 제거한 결과 집합을 반환한다. 따라서 결합 대상 쿼리문이 반환할 결과 집합의 규모가 크면 무리한 연산 부하를 줄 수 있으므로 UNION보다는 UNION ALL을 사용하기를 권한다.

# ▶ 정리 2

```
(
    ... # SELECT 쿼리문 ①
)
UNION ALL
(
    ... # SELECT 쿼리문 ②
)
ORDER BY ... # 최종 결과 집합 정렬 시 마지막 행에 ORDER BY 조건을 작성
```

UNION ALL을 사용할 때도 개별 쿼리문을 UNION ALL 사이에 두고 위아래로 작성한다. UNION ALL은 중복 제거 기능이 없으므로 동일한 쿼리문을 결합하면 개별 행이 2번씩 중복되어 추출된다.

UNION 계열의 명령어를 작성하여 최종 결과 집합을 정렬하려면, 마지막 행에 ORDER BY 조건을 추가하면 된다.

### 4.2.3 연습 문제

1. 주문 정보 테이블 orders에서 주문 일자(order_date)가 2015년 10월인 건과 2015년 12월인 건을 SELECT로 각각 추출하고, 두 결과 집합을 UNION ALL을 사용해 하나로 결합하라. 단, 최종 결과는 최신 순으로 정렬하라.

2. 회원 정보 테이블 users에서 미국(USA)에 거주 중이면서 마케팅 수신에 동의한(1) 회원 정보와 프랑스(France)에 거주 중이면서 마케팅 수신에 동의하지 않은(0) 회원 정보를 SELECT로 각각 추출하고, 두 결과 집합을 UNION ALL을 사용해 하나로 결합하라. 단, 최종 결과는 회원 아이디(id), 연락처(phone), 거주 국가(country), 거주 도시(city), 마케팅 수신 동의 여부(is_marketing_agree) 컬럼만 출력하고, 거주 국가 기준으로 알파벳순 정렬하라.

3. UNION을 활용하여 주문 상세 정보 테이블 orderdetails와 제품 정보 테이블 products를 FULL OUTER JOIN 조건으로 결합하여 출력하라.

### 4.2.4 정답 코드 예시

1.
```
(
    SELECT *
        FROM  orders
        WHERE  order_date >= '2015-10-01'
                AND order_date < '2015-11-01'
)
UNION ALL
(
    SELECT *
        FROM  orders
        WHERE  order_date >= '2015-12-01'
                AND order_date < '2016-01-01'
)
ORDER BY order_date DESC
;
```

2.
```
(
    SELECT id, phone, city, country, is_marketing_agree
        FROM users
```

```
        WHERE country = 'USA' AND is_marketing_agree = 1
)
UNION ALL
(
    SELECT id, phone, city, country, is_marketing_agree
        FROM users
        WHERE country = 'France' AND is_marketing_agree = 0
)
ORDER BY country ASC
;
```

3.
```
(
    SELECT *
        FROM
            orderdetails o
        LEFT JOIN
            products p
        ON o.product_id = p.id
)
UNION
(
    SELECT *
        FROM
            orderdetails o
        RIGHT JOIN
            products p
        ON o.product_id = p.id
)
;
```

## 4.3 서브 쿼리

### 4.3.1 SQL 쿼리 결과를 테이블처럼 사용하는, 쿼리 속의 쿼리

앞서 데이터를 결합하는 방법인 JOIN과 UNION에 대해 알아보았다. 지금까지는 데이터를 결합할 때 이미 존재하는 테이블에 접근하여 결합했는데, 내가 작성한 쿼리를 실행하여 나온 결괏값을 테이블처럼 사용하거나 조건 또는 값으로 사용할 수 없을까?

SQL에서는 직접 작성한 쿼리에서 나온 결괏값을 마치 테이블처럼 사용할 수 있는 서브 쿼리(SUB QUERY)[7] 기능을 지원한다. 서브 쿼리는 작성한 쿼리를 괄호로 감싸 사용하는데, 실제 테이블은 아니지만 테이블처럼 사용할 수 있다.

서브 쿼리는 SELECT 문 내의 여러 곳에서 사용 가능한데, 사용하는 위치에 따라 불리는 이름이 다양하다. 그렇지만 서브 쿼리의 핵심은 괄호로 감싸서 마치 테이블처럼 사용한다는 것이다. 예제를 통해 서브 쿼리의 대표적인 사용법을 알아보자.

### 4.3.2 따라 하며 이해하기

**Q1** 제품 정보 테이블 products에서 제품명(name)과 정상 가격(price)을 모두 불러오고, 평균 정상 가격을 새로운 컬럼으로 각 행마다 출력해 보자.

```
SELECT name, price, (SELECT AVG(price) FROM products) as avgPrc
    FROM products
    ;
```

결과화면

| | name | price | avgPrc |
|---|---|---|---|
| 1 | Terrarossa Coffee Back | 18 | 38.5455 |
| 2 | Mini Cheese Ball | 19 | 38.5455 |
| 3 | Beanbrother's Coffee Pouch | 10 | 38.5455 |
| 4 | Stabucks Drip Coffee | 22 | 38.5455 |
| 5 | Organic Probiotics 100 Billion CFU | 21 | 38.5455 |
| 6 | Grandma's Boysenberry Spread | 25 | 38.5455 |
| 7 | Uncle Bob's Organic Dried Pears | 30 | 38.5455 |
| 8 | Northwoods Cranberry Sauce | 40 | 38.5455 |
| 9 | Mishi Kobe Niku | 97 | 38.5455 |
| 10 | Nike Men's Shoes | 31 | 38.5455 |

products 테이블의 제품명(name)과 정상 가격(price)을 모두 불러오고, 마지막 컬럼의 모든 행에 평균 정상 가격(avgPrc)을 출력했다. SELECT 절에는 단일 값을 반환하는 서브 쿼리가 올 수 있는데, 이를 스칼라(Scalar) 서브 쿼리라고 부

---

7 쿼리 안의 쿼리라는 의미로 서브 쿼리로 불린다.

른다. 결과 화면의 마지막 컬럼처럼 스칼라 서브 쿼리는 신규 컬럼으로 추가되어 모든 행에 단일 값을 출력한다.

참고 **특정 값을 컬럼으로 추가해 보기**

```
SELECT name, price, 38.5455 AS avgPrc
    FROM products
```

위와 같이 서브 쿼리에 해당하는 부분을 실숫값 38.5455로 변경해도 앞의 쿼리와 같은 결과를 확인할 수 있다. 두 쿼리의 작성 방식은 다르지만 단일 값이 모든 행에 신규 컬럼으로 추가되는 방법은 같기 때문에 서브 쿼리의 결괏값이 어떻게 추가되는지 알 수 있다. 스칼라 서브 쿼리는 하나의 값을 반환하는 쿼리를 괄호로 감싸 모든 행에 추가했다고 한다면, 위의 쿼리에서는 38.5455라는 하드코딩된 값이 모든 행에 추가한 것이다.

**예상 에러 ①**

```
SELECT name, price, AVG(price) AS avgPrc # 서브 쿼리 없이 AVG를 사용한 케이스
    FROM ...
...
```

서브 쿼리를 사용하지 않고 AVG 함수만 사용하면 원하는 결과를 얻을 수 없다. 모든 행을 출력하고 평균 정상 가격 컬럼을 새로 만들어 행마다 평균 가격을 표시하는 게 목적이지만, 이렇게 쿼리를 작성하면 첫 행만 출력되거나 GROUP BY 문이 없기 때문에 일부 데이터베이스에서는 에러가 발생할 것이다. 일반적으로 AVG와 같은 집계 함수는 GROUP BY와 함께 써야 정상적으로 작동한다.

**예상 에러 ②**

```
SELECT name, price, (SELECT AVG(price) AS avgPrc, MIN(price) ...)  # 스
칼라 서브 쿼리 내에 2개 이상의 컬럼 작성
    FROM ...
...
```

스칼라 서브 쿼리를 작성할 때 단일 값이 반환되도록 작성해야 한다는 점에 유의해야 한다. 만약 2개 이상의 집계 값을 기존 테이블에 추가하여 출력하고 싶으면 스칼라 서브 쿼리를 따로 나누어서 작성해야 한다.

**Q2** 회원 정보 테이블 users에서 도시(city)별 회원 수를 카운트하고 회원 수가 3명 이상인 도시명과 회원 수를 출력해 보자. (단, 회원 수를 기준으로 내림차순 정렬하자.)

```
SELECT *
    FROM
    (
        SELECT city, COUNT(DISTINCT id) AS cntUser
            FROM users
            GROUP BY city
    ) a
    WHERE cntUser >= 3
    ORDER BY cntUser DESC
    ;
```

결과화면

| | ABC city | 123 cntUser |
|---|---|---|
| 1 | Busan | 4 |
| 2 | London | 4 |
| 3 | São Paulo | 4 |
| 4 | Seoul | 4 |
| 5 | Buenos Aires | 3 |
| 6 | Madrid | 3 |
| 7 | México D.F. | 3 |
| 8 | Rio de Janeiro | 3 |

3명 이상의 회원이 거주 중인 도시명과 회원 수를 출력했다. 이처럼 FROM 내에 사용된 서브 쿼리를 인라인 뷰(inline view)라고 한다. 이러한 인라인 뷰 안에는 또 다른 서브 쿼리가 개수 제한 없이 중첩해서 들어갈 수 있다.

GROUP BY를 통해 얻은 집계 값을 필터링할 때 HAVING을 사용하지 않고 서브 쿼리를 활용하여 필터링했음을 확인할 수 있다. 서브 쿼리는 괄호 안에 작성한 쿼리의 결괏값 자체를 마치 테이블에 존재하는 데이터로 간주하고, 이에 대해 로직을 수행하기 때문에 그룹화된 연산 값에서도 필터링할 수 있는 것이다. 추가로 인라인 뷰 내에 다른 서브 쿼리를 중첩하여 사용할 수 있기 때문에 복잡한 쿼리도 유연하게 작성할 수 있다.

참고 HAVING으로 대체한 경우

```
...
GROUP BY ...
HAVING COUNT(DISTINCT id) >= 3
...
```

제시된 쿼리에서 WHERE의 필터링을 제거하고 서브 쿼리에 HAVING을 위와 같이 추가하여 실행해도 같은 결과를 얻을 수 있다. 결과는 같지만 HAVING을 통해 필터링하는 경우 서브 쿼리 내의 GROUP BY가 수행된 직후에 필터링이 적용되는 반면, 서브 쿼리 외부에서 필터링하는 경우 서브 쿼리 로직이 모두 수행된 이후 결괏값에 대해 필터링을 수행한다는 차이점이 있다.

**Q3** 주문 정보 테이블 orders와 직원 정보 테이블 staff를 활용해 성(last_name)이 Kyle이나 Scott인 직원의 담당 주문을 출력하려면 어떻게 해야 할까? (단, 서브 쿼리 형태를 활용하자.)

```
SELECT *
    FROM orders
    WHERE staff_id IN (
                        SELECT id
                            FROM staff
                            WHERE last_name IN ('Kyle', 'Scott')
                    )
    ;
```

결과화면

| | 123 id | 123 user_id | 123 staff_id | RBC order_date |
|---|---|---|---|---|
| 1 | 10,253 | 34 | 3 | 2015-07-10 |
| 2 | 10,254 | 14 | 5 | 2015-07-11 |
| 3 | 10,255 | 68 | 3 | 2015-07-12 |
| 4 | 10,262 | 65 | 3 | 2015-07-22 |
| 5 | 10,263 | 20 | 3 | 2015-07-23 |
| 6 | 10,268 | 33 | 3 | 2015-07-30 |
| 7 | 10,273 | 63 | 3 | 2015-08-05 |
| 8 | 10,278 | 5 | 3 | 2015-08-12 |
| 9 | 10,279 | 44 | 3 | 2015-08-13 |
| 10 | 10,283 | 46 | 3 | 2015-08-16 |
| 11 | 10,286 | 63 | 3 | 2015-08-21 |

성이 Kyle인 직원의 아이디는 3이고, Scott인 직원의 아이디는 5이다. 이를 가지고 orders 테이블의 staff_id와 연결하여 원하는 주문 정보만 조회했다. 이처럼 WHERE 내에서도 필터링 조건 지정을 위해 중첩된 서브 쿼리를 작성할 수 있다.

WHERE에서 IN 연산자와 함께 서브 쿼리를 활용할 경우 서브 쿼리에서 출력할 컬럼 개수와 필터링 적용 대상 컬럼의 개수가 일치해야 한다. 예제 Q3의 쿼리에서는 1개의 컬럼이 사용되었기 때문에 서브 쿼리에도 동일하게 1개의 컬럼이 사용되었다.

**참고** 다중 컬럼 서브 쿼리 예시

```
...
WHERE (staff_id, user_id) IN ( # 필터링 대상 컬럼 개수 2개
                        SELECT id, user_id # 서브 쿼리 컬럼 2개
...
```

**결과화면**

| | 123 id ▼⁑ | 123 user_id ▼⁑ | 123 staff_id ▼⁑ | ABC order_date ▼⁑ |
|---|---|---|---|---|
| 1 | 10,391 | 17 | 3 | 2015-12-23 |

위와 같이 staff_id와 user_id를 콤마로 구분해서 괄호로 감싸 주면 다중 컬럼 조건 필터링을 서브 쿼리로 작성할 수 있다. 서브 쿼리 내에도 WHERE에 사용된 비교 대상 컬럼과 동일한 컬럼이 사용되었다.

결괏값으로는 직원 정보 테이블에 존재하는 id, user_id와 동일한 값이 주문 정보 테이블의 staff_id, user_id 컬럼에 있을 경우 반환하여 출력하고 있다. 즉, 직원 자신이 자사 쇼핑몰에서 주문한 이력을 출력한 것이다.

**Q4** 제품 정보 테이블 products에서 할인 가격(discount_price)이 가장 비싼 제품 정보를 출력해 보자. (단, 서브 쿼리 형태를 활용하자.)

```
SELECT *
    FROM products
    WHERE discount_price IN (SELECT MAX(discount_price) FROM products)
    ;
```

```
‹T SELECT * FROM products WHERE discount_price IN (SELECT || ⌄⌃ Enter a SQL expression to filter results (use Ctrl+Space)
```

| | 123 id | RBC name | 123 price | 123 discount_price |
|---|---|---|---|---|
| 1 | 75 | SANSUNG Galaxy S20 FE 5G Factory Unlocked Android Cell Phone 128GB | 499 | 349 |

서브 쿼리를 사용하여 할인 가격이 가장 비싼 제품의 정보를 출력했다. 먼저 서브 쿼리에서 products 테이블에서 할인 가격의 최댓값을 찾았고, 메인 쿼리에서 이 값과 일치하는 제품을 찾아 결괏값을 반환했다.

결과 화면을 보면 할인 가격의 최댓값이 349이므로 349라는 값으로 필터링할 수도 있겠지만, 할인 가격이라는 정보는 실제 서비스에서 계속 업데이트되는 정보이므로 단일 값을 반환하는 서브 쿼리를 활용하면 동적인 값을 필터링할 수 있다.

**Q5** 주문 정보 테이블 orders에서 주문 월(order_date 컬럼 활용)이 2015년 7월인 주문 정보를, 주문 상세 정보 테이블 orderdetails에서 개별 주문 수량(quantity)이 50 이상인 정보를 각각 서브 쿼리로 작성하고, 내부 조인하여 출력해 보자.

```sql
SELECT *
    FROM
    (
        SELECT *
            FROM orders
            WHERE order_date >= '2015-07-01'
                    AND order_date < '2015-08-01'
    ) o
    INNER JOIN
    (
        SELECT *
            FROM orderdetails
            WHERE quantity >= 50
    ) od
    ON o.id = od.order_id
    ;
```

| 123 id | ▼‡ | 123 user_id | ▼‡ | 123 staff_id | ▼‡ | ABC order_date | ▼‡ | 123 id | ▼‡ | 123 order_id | ▼‡ | 123 product_id | ▼‡ | 123 quantity | ▼‡ |
|---|---|---|---|---|---|---|---|---|---|---|---|---|---|---|---|
| 1 | 10,258 | | 20 | | 1 | 2015-07-17 | | | 20 | | 10,258 | | 2 | | 50 |
| 2 | 10,258 | | 20 | | 1 | 2015-07-17 | | | 21 | | 10,258 | | 5 | | 65 |
| 3 | 10,260 | | 55 | | 4 | 2015-07-19 | | | 26 | | 10,260 | | 57 | | 50 |
| 4 | 10,263 | | 20 | | 3 | 2015-07-23 | | | 34 | | 10,263 | | 16 | | 60 |
| 5 | 10,263 | | 20 | | 3 | 2015-07-23 | | | 36 | | 10,263 | | 30 | | 60 |
| 6 | 10,267 | | 25 | | 4 | 2015-07-29 | | | 42 | | 10,267 | | 40 | | 50 |
| 7 | 10,267 | | 25 | | 4 | 2015-07-29 | | | 43 | | 10,267 | | 59 | | 70 |

주문 정보와 주문 상세 정보를 제시된 조건으로 각각 필터링한 결과 집합을 내부 조인하여 한 번에 출력했다. orders 테이블에서 2015-07-01 이상 2015-08-01 미만의 주문 데이터만 필터링했고, orderdetails 테이블에서는 주문 수량(quantity)이 50 이상인 데이터만 필터링하여 내부 조인했다.

이처럼 FROM 내에서 여러 개의 인라인 뷰를 활용하여 JOIN 연산을 수행할 수 있다.

예제에 제시된 형태를 잘 활용한다면 같은 결과라도 쿼리 수행 시간을 단축할 수 있다. 개별 테이블을 조인한 후 메인 쿼리의 WHERE에서 필터링할 수도 있지만, 조인을 수행하기 이전에 필요한 데이터셋을 필터링한 후 조인하면 조인에 소요되는 연산[8]을 줄일 수 있다.

---

### 📋 서브 쿼리 정리하기

서브 쿼리는 쿼리 결괏값을 메인 쿼리에서 값이나 조건으로 사용하고 싶을 때 쓴다.

SELECT, FROM, WHERE 등 사용 위치에 따라 불리는 이름이 다르다. 중요한 점은 쿼리를 괄호로 감싸서 해당 쿼리의 결괏값을 메인 쿼리에서 활용할 수 있다는 점이다.

#### ▶ 정리 1. SELECT에서 사용

```
SELECT ..., ( [서브 쿼리] ) AS [컬럼명]
...
```

SELECT에서는 단일 집계 값을 신규 컬럼으로 추가하기 위해 서브 쿼리를 사용한다. 여러 개의

---

8  조인은 매우 비싼 연산임을 기억하자.

컬럼을 추가하고 싶을 때는 서브 쿼리를 여러 개 작성하면 된다. SELECT의 서브 쿼리는 메인 쿼리의 FROM에서 사용된 테이블이 아닌 테이블도 사용이 가능하기 때문에 불필요한 조인 수행을 줄일 수 있다는 장점이 있다.

▶ 정리 2. FROM에서 사용

```
SELECT ...
    FROM ( [서브 쿼리] ) a
...
```

FROM에서 사용되는 서브 쿼리는 인라인 뷰라고 하며, 마치 테이블처럼 서브 쿼리의 결괏값을 사용할 수 있다. 또한 FROM에서 2개 이상의 서브 쿼리를 활용하여 조인 연산을 할 수도 있다. 이때 조인 연산을 위해 별칭을 생성할 수 있는데, 서브 쿼리가 끝나는 괄호 뒤에 공백을 한 칸 두고 원하는 별칭을 쓰면 된다.

FROM에서 서브 쿼리를 적절히 활용하면 적은 연산으로 같은 결과를 출력할 수 있다. 단, 관계형 데이터베이스에는 테이블 검색을 빠르게 할 수 있는 인덱스(index)[9]라는 개념이 있는데, 서브 쿼리를 활용하면 쿼리 수행 시 인덱스를 쓰지 못하는 경우도 있으므로 개념을 충분히 이해한 뒤에 사용하는 것을 권장한다.

▶ 정리 3. WHERE에서 사용

```
...
WHERE [컬럼명] [조건 연산자] ( [서브 쿼리] )
...
```

WHERE에서도 필터링하기 위한 조건 값을 설정하는 데 서브 쿼리를 활용할 수 있다. 예제에서 알아본 IN 연산자뿐만 아니라 다른 비교 연산자를 활용할 수 있다. IN 연산자를 통해 서브 쿼리로 다중 컬럼 비교를 할 때는 서브 쿼리에서 추출하는 컬럼의 개수와 WHERE에 작성하는 필터링 대상 컬럼의 개수가 일치해야 한다. 이때 필터링 대상 컬럼이 2개 이상이면 괄호로 묶어서 작성한다.

---

9 인덱스는 데이터베이스에서 테이블의 검색 속도를 높이는 기능으로, 테이블의 컬럼 값을 정렬하여 검색 시 더욱 빠르게 찾아내도록 하는 자료 구조이다.

### 4.3.3 연습 문제

1. 제품 정보 테이블 products를 풀 스캔하고, 할인 가격(discount_price)의 최 댓값 대비 해당 제품의 할인 가격의 비율을 구해 ratioPerMaxPrc 컬럼명으 로 추가하라. (단, 추가 컬럼이 소수점 셋째 자리까지만 표시되도록 하라.)

2. 회원 정보 테이블 users와 직원 정보 테이블 staff를 활용해 거주 국가 (city)가 한국(Korea)이나 이탈리아(Italy)이면서 생년월일(birth_date) 이 1990-01-01 이전인 회원이자 직원인 사람의 정보를 서브 쿼리와 JOIN 을 활용해 출력하라. (단, 회원 아이디(u.id), 연락처(u.phone), 거주 국가 (u.country), 직원 아이디(s.id), 성(s.last_name), 이름(s.first_name) 컬럼 만 출력하라.)

3. 회원 정보 테이블 users를 활용해 국가(country)별 회원 수를 카운트하고 회원 수가 5명 이상인 국가만 출력하라. (단, 회원 수 기준 내림차순으로 정렬하라.)

4. 제품 정보 테이블 products에서 정상 가격(price)이 가장 저렴한 제품의 정보를 모두 출력하라.

5. 주문 정보 테이블 orders와 회원 정보 테이블 users를 활용해 2016년도에 주문 이력이 있는(주문 일자(order_date) 컬럼 활용) 회원의 정보를 모두 출력하라.

### 4.3.4 정답 코드 예시

1.
```sql
SELECT *, ROUND(discount_price / (SELECT MAX(discount_price) FROM
    products), 3) AS ratioPerMaxPrc
  FROM products
  ;
```

2.
```sql
SELECT u.id, u.phone, u.country, s.id, s.last_name, s.first_name
  FROM
  (
      SELECT *
          FROM users
```

```
                WHERE country IN ('Korea', 'Italy')
    ) u
    INNER JOIN
    (
        SELECT *
            FROM staff
            WHERE birth_date < '1990-01-01'
    ) s
    ON u.id = s.user_id
    ;
```

3.
```
    SELECT *
        FROM
        (
            SELECT country, COUNT(DISTINCT id) AS cntUser
                FROM users
                GROUP BY country
        ) a
        WHERE cntUser >= 5
        ORDER BY cntUser DESC
        ;
```

4.
```
    SELECT *
        FROM products
        WHERE price IN (
                        SELECT MIN(price)
                        FROM products
            )
        ;
```

5.
```
    SELECT *
        FROM users
        WHERE id IN (
                        SELECT user_id
                            FROM orders
                            WHERE order_date BETWEEN '2016-01-01'
                                AND '2016-12-31'
            )
        ;
```

## 4.4 SQL 패턴 가이드

### 4.4.1 어떤 패턴이 자주 사용될까?

SQL 문법과 원리를 하나씩 살펴보았는데, 그중에서도 자주 사용되는 패턴을 알아보자. 실무에서 SQL 쿼리를 작성할 때 한 가지 기능만 가지고는 원하는 결과 데이터를 얻기 힘들기 때문에 목적에 따라 여러 가지 문법을 함께 사용한다. 같은 데이터를 가져오더라도 쿼리를 작성하는 방법은 다양하므로 어떤 방법이 정답이라고 말하기 어렵다. 하지만 자주 쓰는 패턴을 알아두면 필요한 상황에 바로 바로 꺼내 쓸 수 있어 유용하다.

이 절에서 살펴볼 SQL 패턴은 다음과 같다.

1. **데이터 그룹화하기(GROUP BY + 집계 함수)**
   → 기준별로 연산된 값을 보고 싶은 경우

2. **데이터 결과 집합 결합하기(JOIN + SUB QUERY)**
   → 원본 테이블이 아닌, 쿼리를 실행한 결과 집합끼리 조합하고 싶은 경우

3. **테이블 결합 후 그룹화하기(JOIN + GROUP BY)**
   → 그룹화할 기준 컬럼과 집계 연산을 수행할 컬럼이 서로 다른 테이블에 있는 경우

4. **서브 쿼리로 필터링하기(WHERE + SUB QUERY)**
   → 쿼리 결괏값을 다시 필터링하고 싶은 경우
   → 쿼리 결괏값을 기반으로 동적 필터링을 하고 싶은 경우

5. **리텐션 분석하기(LEFT JOIN)**
   → 같은 행동을 반복한 대상을 추출하고 싶은 경우

### 4.4.2 따라 하며 이해하기

**1. 데이터 그룹화하기(GROUP BY + 집계 함수)**

> **🧩 기본 형식**
>
> ```
> SELECT [컬럼명], [집계 함수]
> ...
>     GROUP BY [컬럼명]
>     ORDER BY [컬럼명] (ASC/DESC)
>     ;
> ```

**Q1** 회원 정보 테이블 users에서 가입일시(created_at) 컬럼을 활용하여 연도별 가입 회원 수를 추출해 보자.

```sql
SELECT SUBSTR(created_at, 1, 4) AS years, COUNT(DISTINCT id) AS userCnt
    FROM users
    WHERE created_at IS NOT NULL  # 가입 일시가 null이 아닌 행만
    GROUP BY years
    ORDER BY years DESC
    ;
```

**결과화면**

| | ᴬᴮᶜ years | 123 userCnt |
|---|---|---|
| 1 | 2013 | 15 |
| 2 | 2012 | 17 |
| 3 | 2011 | 23 |
| 4 | 2010 | 21 |

연도별로 가입한 회원 수가 출력되었다. 3장에서 그룹화한 후 집계 연산을 수행할 때 살펴본 쿼리인데, 현업에서 자주 사용된다. 결과를 출력할 때 '차원'에 해당하는 컬럼명과 집계 결과 컬럼을 나란히 배치하면 한 눈에 보기 좋아 기준별로 빠짐없이 데이터를 확인할 수 있으며, 데이터의 추이를 파악하는 데도 유용하다. 더 나아가 ORDER BY로 결과를 보기 좋게 정렬하는 것도 잊지 말자. 예제 쿼리는 회원 수가 점차 늘었는지 줄었는지 확인하려고 연도를 기준으로 최신 순 정렬하였다. (역순으로 정렬해도 추이를 확인할 수 있다.)

**Q2** 회원 정보 테이블 users에서 거주 국가(country), 거주 도시(city), 본인 인증 여부(is_auth) 컬럼을 활용하여 국가별, 도시별로 본인 인증한 회원의 수를 구해 보자.

```
SELECT country, city, SUM(is_auth) AS authSum
    FROM users
    GROUP BY country, city
    ORDER BY authSum DESC
    ;
```

**결과화면**

| | country | city | authSum |
|---|---|---|---|
| 1 | Korea | Busan | 3 |
| 2 | Korea | Seoul | 2 |
| 3 | Mexico | México D.F. | 2 |
| 4 | UK | London | 2 |
| 5 | USA | Portland | 2 |
| 6 | France | Reims | 1 |
| 7 | Canada | Münster | 1 |
| 8 | Argentina | Buenos Aires | 1 |
| 9 | Switzerland | Bern | 1 |
| 10 | Brazil | São Paulo | 1 |
| 11 | France | Nantes | 1 |
| 12 | Belgium | CCarleroi | 1 |

국가별, 도시별로 본인 인증(is_auth)을 한 회원의 수가 출력되었다. is_auth 컬럼에는 본인 인증을 한 경우에는 1이, 인증하지 않은 경우에는 0이 저장되어 있기 때문에, 이를 활용하여 SUM 함수로 본인 인증을 한 회원 수를 구했다.

GROUP BY로 그룹화할 때 여러 기준을 순차적으로 적용할 수 있다. 국가별, 도시별 기준을 차례로 적용하여 회원 정보를 좀 더 정리된 형태로 볼 수 있다. 이렇듯 여러 기준으로 그룹화하면 데이터의 분포를 살펴보는 데 유용하다.

## 2. 데이터 결과 집합 결합하기(JOIN + SUB QUERY)

**기본 형식**

```
SELECT ...
    FROM
    (
        [서브 쿼리 1]
    ) [별칭 1]
    [JOIN TYPE]
    (
```

```
    [서브 쿼리 2]
) [별칭 2]
ON [별칭 1].[키 1] = [별칭 2].[키 2]
;
```

**Q3** 회원 정보 테이블 **users**와 직원 정보 테이블 **staff**를 활용하여, 마케팅 수신에 동의(1)한 회원이면서 생년월일이 1980-01-01 이후인 직원의 정보를 출력해 보자. (단, **users** 테이블의 회원 아이디(id), 거주 도서(city), 마케팅 수신 동의 여부(is_marketing _agree) 컬럼만 출력하고, **staff** 테이블의 회원 아이디(user_id), 성(last_name), 이름 (first_name), 생년월일(birth_date) 컬럼만 출력하라.)

```
SELECT *
    FROM
    (
        SELECT id, city, country, is_marketing_agree
            FROM users
            WHERE is_marketing_agree = 1
    ) u
    INNER JOIN
    (
        SELECT user_id, last_name, first_name, birth_date
            FROM staff
            WHERE birth_date >= "1980-01-01"
    ) s
    ON u.id = s.user_id
    ;
```

**결과화면**

| | 123 id | ABC city | ABC country | 123 is_marketing_agree | 123 user_id | ABC last_name | ABC first_name | ABC birth_date |
|---|---|---|---|---|---|---|---|---|
| 1 | 2 | Seoul | Korea | 1 | 2 | Joe | Carter | 1990-10-20 |
| 2 | 17 | Seoul | Korea | 1 | 17 | Kyle | Gonny | 1986-08-30 |

JOIN 연산자와 서브 쿼리를 이용하여 두 개의 결과 집합을 결합했다.

우선, 첫 번째 서브 쿼리에서는 users 테이블에서 마케팅 수신 동의를 한 회원의 정보만 필터링하여 네 개의 컬럼만 가져왔다. 두 번째 서브 쿼리에서는 staff 테이블에서 1980년 1월 1일 이후에 태어난 직원의 정보만 추출하여 네 개의 컬럼만 가져왔다. 이때 결과 집합에 각각 u와 s라는 별칭을 붙였다. 마지막으로 INNER JOIN 연산자로 u와 s를 id와 user_id 컬럼을 기준으로 결합했다. u에서는 마케팅 수신 동의를 한 회원의 정보만 가져오고, s에서는 1980년 1월 1일 이후에 태어난 직원의 정보만 가져와 id와 user_id가 일치하는 행만 출력했다.

JOIN과 서브 쿼리를 종합적으로 활용하면 메인 쿼리를 하나 작성할 때보다 복잡한 조건을 설정할 수 있다. 한 테이블에서 필요한 결과 집합만 필터링하고 (여기서는 마케팅 수신 동의한 회원), 다른 테이블에서 필요한 결과 집합만 필터링한 뒤(여기서는 생년월일이 1980년 1월 1일 이후인 직원), 둘을 조인 조건으로 연결하면 원하는 데이터만 한 눈에 볼 수 있다.

**Q4** 주문 정보 테이블 **orders**, 주문 상세 정보 테이블 **orderdetails**, 제품 정보 테이블 **products**를 활용하여, 직원 아이디가 1, 3인 직원이 담당한 주문 중, 주문 수량이 30개 이하이면서 가격이 20 이상인 제품의 주문 정보를 출력해 보자. (단, **orders** 테이블의 직원 아이디(**staff_id**) 컬럼, **orderdetails** 테이블의 주문 수량(**quantity**) 컬럼, **products** 테이블의 제품명(**name**), 정상 가격(**price**) 컬럼만 출력하라.)

```
SELECT o.staff_id, od.quantity, p.name, p.price
    FROM
    (
        SELECT id, staff_id
            FROM orders
            WHERE staff_id IN (1, 3)
    ) o
    LEFT JOIN
    (
        SELECT id, order_id, product_id, quantity
            FROM orderdetails
            WHERE quantity <= 30
    ) od
    ON o.id = od.order_id
    INNER JOIN
    (
        SELECT id, name, price
            FROM products
            WHERE price >= 20
    ) p
```

```
ON od.product_id = p.id
ORDER BY od.quantity DESC, p.price DESC
;
```

**결과화면**

| | 123 staff_id | 123 quantity | ᴬᴮᶜ name | 123 price |
|---|---|---|---|---|
| 1 | 3 | 30 | JBL FLIP 5 - Waterproof Portable Bluetooth Speaker | 109 |
| 2 | 3 | 30 | Raclette Courdavault | 55 |
| 3 | 1 | 30 | Gudbrandsdalsost | 36 |
| 4 | 3 | 30 | Corn Slitter | 33 |
| 5 | 1 | 30 | Nike Men's Shoes | 31 |
| 6 | 3 | 30 | Grandma's Boysenberry Spread | 25 |
| 7 | 3 | 30 | Louisiana Fiery Hot Pepper Sauce | 21 |
| 8 | 3 | 30 | Newbalance Woman Socks | 21 |
| 9 | 1 | 30 | Maxilaku | 20 |
| 10 | 3 | 29 | Sir Rodney's Marmalade | 81 |
| 11 | 3 | 29 | Smart speaker with Alexa \| All-new Echo Dot (4th generation) | 49 |
| 12 | 3 | 29 | Massage Gun Deep Tissue Percussion Muscle Massager for Athletes,Handheld Body Back Muscle Massager with 10 Massage Heads and LCD Touch Screen (Black1) | 39 |

세 개의 서브 쿼리와 JOIN을 사용하여 조건에 맞는 데이터를 추출했다. 서브 쿼리가 많을 때는, 먼저 개별 서브 쿼리를 하나씩 작성한 뒤에 전체 쿼리를 완성하면 실수를 줄일 수 있다.

먼저 orders 테이블에서 staff_id가 1 또는 3인 데이터의 id와 staff_id를 출력하는 서브 쿼리를 만든다. 이 서브 쿼리를 실행한 결과 집합의 별칭은 o로 지정했다.

그런 다음 orderdetails 테이블에서 quantity가 30 이하인 데이터의 id, order_id, product_id, quantity를 출력하는 서브 쿼리를 만든다. 별칭은 od이다.

마지막으로 products 테이블에서 price가 20 이상인 데이터의 id, name, price를 출력하는 서브 쿼리를 만든다. 별칭은 p이다.

각 서브 쿼리의 SELECT에서 지정할 컬럼명은 조건을 지정할 때 또는 JOIN할 때 필요한 컬럼명을 써야 한다. 메인 쿼리에서는 서브 쿼리를 실행한 결과 집합을 하나의 테이블처럼 인식하여, 이 결과 집합에 있는 데이터만 가지고 연산을 수행하기 때문이다.

세 개의 서브 쿼리를 모두 작성하고, LEFT JOIN, INNER JOIN으로 세 결과 집합을 결합했다. 문제의 조건이 직원 아이디가 1, 3인 직원이 담당한 주문이라고 언급했으므로, 서브 쿼리 o에서 직원 아이디가 1, 3인 데이터는 유지되어야 한다. 따라서 서브 쿼리 o와 od를 결합할 때 LEFT JOIN으로 해당 조건의 주문 데이터는 모두 유지한 채로, 주문 수량이 30 이하인 데이터를 연결해서 표시했다 (이 조건에 해당하지 않는 데이터는 null로 표시된다). 그런 다음, 해당 주문 중에서 제품 가격이 20 이상인 건만 남기기 위해, 앞의 조인 결과 집합과 서브 쿼리 p를 INNER JOIN으로 결합했다. 마지막으로 quantity와 price 컬럼 기준으로 내림차순 정렬했다.

원하는 정보가 여러 테이블에 흩어져 있다면 서브 쿼리로 원하는 데이터만 정제한 후 JOIN하면 훨씬 효율적으로 쿼리를 수행할 수 있다.

### 3. 테이블 결합 후 그룹화하기(JOIN + GROUP BY)

**🧩 기본 형식**

```
SELECT [컬럼명], [집계 함수]
    FROM
        [테이블 1] [별칭 1]
    [JOIN TYPE]
        [테이블 2] [별칭 2]
    ON [별칭 1].[키 1] = [별칭 2].[키 2]
    GROUP BY [컬럼명]
    ;
```

**Q5** 주문 상세 정보 테이블 orderdetails, 제품 정보 테이블 products를 확인하여 제품별로 주문 건수를 출력해 보자. (단, products 테이블의 제품 아이디(id), 제품명 (name) 컬럼과 제품별 주문 건수 컬럼만 출력하고, 제품별 주문 건수 기준 내림차순으로 정렬하라.)

```
SELECT p.id, p.name, COUNT(DISTINCT od.order_id) AS ordCnt
    FROM
        orderdetails od
    LEFT JOIN
        products p
    ON od.product_id = p.id
    GROUP BY p.id, p.name
    ORDER BY ordCnt DESC
    ;
```

| | 123 id | RBC name | 123 ordCnt |
|---|---|---|---|
| 1 | 59 | Raclette Courdavault | 13 |
| 2 | 62 | Tarte au sucre | 13 |
| 3 | 60 | Camembert Pierrot | 12 |
| 4 | 31 | Gorgonzola Telino | 12 |
| 5 | 2 | Mini Cheese Ball | 11 |
| 6 | 54 | OLD BAY Hot Seasoning | 11 |
| 7 | 72 | Mozzarella di Giovanni | 11 |
| 8 | 17 | Alice Mutton | 10 |
| 9 | 24 | Smart speaker with Alexa \| All-new Echo Dot (4th generation) | 10 |
| 10 | 56 | Gnocchi di nonna Alice | 10 |
| 11 | 16 | Pablo Chocochip Cookie | 10 |
| 12 | 35 | Steeleye Stout | 9 |

orderdetails와 products 테이블을 결합한 뒤 그룹별 집계 함수를 적용했다. 제품 아이디(p.id)와 제품명(p.name)을 기준으로 그룹화하여 제품마다 몇 건씩 주문되었는지 COUNT 함수로 계산하였고 이를 ordCnt라는 별칭을 붙여 마지막 컬럼으로 출력했다. 주문이 많은 상품부터 볼 수 있게 정렬했다. 실제 환경에서 그룹화 기준 컬럼과 함수를 적용할 대상 컬럼이 서로 다른 테이블에 있을 때 이와 같이 JOIN과 GROUP BY를 동시에 적용해야 한다.

먼저 JOIN을 완성한 뒤 GROUP BY로 그룹화하고 SELECT에서 출력할 컬럼과 집계 함수를 작성하는 순서로 쿼리 작성이 이루어진다. 예제 쿼리를 한번 살펴보자.

orderdetails 테이블과 products 테이블을 LEFT JOIN으로 결합한 뒤 ON에서 orderdetails의 product_id와 products의 id가 일치하도록 조건을 작성한다. GROUP BY에서는 p.id와 p.name으로 그룹화 기준을 작성하고, 그다음 SELECT에서 COUNT 함수로 제품별 판매 건수를 구한다. 이때 DISTINCT 키워드로 중복을 제거한다. 마지막으로 ORDER BY로 데이터를 한눈에 보기 좋게 정리한다.

**Q6** 직원 정보 테이블 staff와 주문 정보 테이블 orders를 활용해 직원마다 연도별 담당 주문 회원 수, 주문 건수, 회원당 평균 주문 건수를 구해 보자. (단, 직원의 성(last_name)과 이름(first_name)을 표시하자.)

```
SELECT s.id
     , s.last_name
     , s.first_name
     , SUBSTR(o.order_date, 1, 4) AS orderYear
     , COUNT(DISTINCT o.user_id) AS ordUserCnt
     , COUNT(DISTINCT o.id) AS ordCnt
     , COUNT(DISTINCT o.id) / COUNT(DISTINCT o.user_id) AS
                             userOrdRatio
  FROM
    orders o
  LEFT JOIN
    staff s
  ON o.staff_id = s.id
  GROUP BY s.id, s.last_name, s.first_name, orderYear
  ORDER BY s.id, orderYear DESC
  ;
```

**결과화면**

⌂T SELECT s.id , s.last_name , s.first_name , SUBSTR(o.order_dat [ ] *Enter a SQL expression to filter results (use Ctrl+Space)*

| | 123 id | ᴬᴮᶜ last_name | ᴬᴮᶜ first_name | ᴬᴮᶜ orderYear | 123 ordUserCnt | 123 ordCnt | 123 userOrdRatio |
|---|---|---|---|---|---|---|---|
| 1 | 1 | Joe | Carter | 2016 | 3 | 3 | |
| 2 | 1 | Joe | Carter | 2015 | 18 | 21 | 1.16 |
| 3 | 2 | Ken | Jang | 2016 | 4 | 4 | |
| 4 | 2 | Ken | Jang | 2015 | 13 | 14 | 1.07 |
| 5 | 3 | Kyle | Gonny | 2016 | 17 | 20 | 1.17 |
| 6 | 3 | Kyle | Gonny | 2015 | 33 | 44 | 1.33 |
| 7 | 4 | Iron | Aahn | 2016 | 8 | 9 | 1.1 |
| 8 | 4 | Iron | Aahn | 2015 | 23 | 29 | 1.26 |
| 9 | 5 | Scott | Master | 2015 | 7 | 7 | |
| 10 | 6 | Marco | King | 2016 | 3 | 3 | |
| 11 | 6 | Marco | King | 2015 | 12 | 12 | |

직원마다 연도별로 담당한 주문 회원 수, 주문 건수, 회원당 평균 주문 건수를 각각의 컬럼으로 출력했다. 결과는 직원의 아이디(s.id), 성(s.last_name), 이름(s.first_name), 주문 연도(orderYear), 해당 연도에 주문한 회원 수(ordUserCnt), 해당 연도에 주문한 건수(ordCnt), 회원 한 명당 평균 주문 건수(userOrdRatio)로 구성되어 있다(중복은 제외하고 카운트). 결과는 직원 아이디와 주문

연도 기준으로 정렬됐다. 이런 데이터는 각 직원이 연도별로 얼마나 많은 주문을 처리했는지, 담당한 회원 수는 몇 명인지, 회원당 평균적으로 몇 건 주문하는지 등을 파악할 때 유용하다. 결과를 보면 2015년에 Kyle Gonny가 담당한 회원이 평균 1.3333번으로 가장 많이 주문했음을 알 수 있다.

### 4. 서브 쿼리로 필터링하기(WHERE + SUB QUERY)

**🧩 기본 형식 - ①**

```
SELECT [컬럼명]
    FROM
    (
        [서브 쿼리]
    ) [별칭]
    WHERE [조건]
    ;
```

**🧩 기본 형식 - ②**

```
SELECT [컬럼명]
    FROM [테이블]
    WHERE [비교할 컬럼명] IN ( [서브 쿼리] )
    ;
```

**Q7** 회원 정보 테이블 users에서 국가별 회원 수가 5명 이상인 국가명과 회원 수를 출력해 보자. (단, 거주 국가(country), 회원 아이디(id) 컬럼을 활용하고, HAVING을 사용하지 않고 출력하자.)

```
SELECT a.country, a.userCnt
    FROM
    (
        SELECT country, COUNT(DISTINCT id) AS userCnt
            FROM users
            GROUP BY country
    ) a
    WHERE a.userCnt >= 5
    ORDER BY a.userCnt DESC
    ;
```

| | ABC country | 123 userCnt |
|---|---|---|
| 1 | USA | 11 |
| 2 | Canada | 9 |
| 3 | France | 9 |
| 4 | Brazil | 8 |
| 5 | Korea | 8 |
| 6 | Spain | 5 |
| 7 | UK | 5 |

users 테이블에서 국가별 회원 수를 구하고, 이 중 회원수가 5명 이상인 국가명과 회원 수를 출력했다. 그룹화하고 함수로 계산한 결과를 필터링하려면 HAVING을 사용해야 하는데 여기서는 이 방법 대신 서브 쿼리와 WHERE를 사용했다.

쿼리 작성 순서를 하나씩 살펴보자. 먼저, 서브 쿼리로 국가별 회원 수를 구하는 쿼리를 작성한다. users 테이블에서 country 컬럼으로 그룹화하고 각 국가별 중복되지 않는 id의 수를 COUNT 함수로 구했다. 그다음 WHERE로 서브 쿼리(a)에서 회원 수가 5명 이상인 데이터만 필터링하고, ORDER BY로 회원 수가 많은 데이터부터 내림차순으로 정렬한다.

HAVING을 사용하지 않고 WHERE에서 필터링 조건을 설정할 수 있는 이유는 서브 쿼리로 이미 그룹화된 결과 집합을 하나의 테이블처럼 간주하기 때문이다. 단일 쿼리문에서는 GROUP BY 이후에 WHERE를 사용할 수 없어 HAVING을 대신 사용했지만, 여기서는 그룹화를 수행하는 서브 쿼리가 FROM에 쓰였으므로 이후에 WHERE를 사용할 수 있다.

**Q8** 회원 정보 테이블 users, 직원 정보 테이블 staff를 활용하여 직원인 회원의 정보만 출력해 보자.

```
SELECT *
    FROM users
    WHERE id IN (
                SELECT user_id
                FROM staff
    )
    ;
```

| | 123 id | RBC created_at | RBC username | RBC phone | RBC city | RBC postalcode | RBC country | 123 is_marketing_agree | 123 is_auth |
|---|---|---|---|---|---|---|---|---|---|
| 1 | 2 | 2010-10-01 19:01:29 | joejoe@joecompany.com | 019-8445-0497 | Seoul | 99301 | Korea | 1 | 1 |
| 2 | 10 | 2010-12-11 15:02:34 | yukiadadaken@joecompany.com | 019-9997-1451 | Seoul | EC2 5NT | Korea | 0 | 1 |
| 3 | 17 | 2010-12-25 14:23:56 | gonnykyle@joecompany.com | 019-3334-7734 | Seoul | 44000 | Korea | 1 | 0 |
| 4 | 37 | 2011-07-29 10:01:28 | ccywunupt@never.com | 019-9794-9494 | San Francisco | 14776 | USA | 1 | 0 |
| 5 | 47 | 2012-05-01 13:02:28 | kkhhgg3001@mate.com | 019-3878-1167 | AncCorage | 24100 | USA | 1 | 0 |
| 6 | 58 | 2012-12-18 15:02:34 | eyuuncnt@onemail.net | 019-8810-9330 | Reggio Emilia | 1756 | Italy | 1 | 0 |

users 테이블의 정보 중, staff 테이블의 user_id와 users 테이블의 id가 일치하는 정보만 출력했다. WHERE에서 필터링을 적용할 때 IN 조건 연산자와 서브쿼리를 사용하여 동직으로 조건을 석용했다. 이렇게 쿼리를 작성하면 직원이 추가되어 직원 테이블의 정보가 변경되더라도 쿼리문 수정 없이 데이터를 추출할 수 있다.

WHERE에서 IN 연산자로 컬럼을 비교할 땐 컬럼의 수가 일치해야 한다.

## 5. 리텐션 분석하기(LEFT JOIN)

**기본 형식**

```
SELECT COUNT(DISTINCT [별칭 2].[컬럼명 2]) / COUNT(DISTINCT [별칭 1].[컬럼명])
    FROM
    (
        [서브 쿼리 1] # 모집합
    ) [별칭 1]
    LEFT JOIN
    (
        [서브 쿼리 2] # 리텐션 대상 집합
    ) [별칭 2]
    ON [별칭 1].[키 1] = [별칭 2].[키 2]
    ;
```

**Q9** 주문 정보 테이블 orders에서 2015-12에 주문한 회원 중 2016-01에도 주문한 회원의 비율을 출력해 보자. (회원 아이디(user_id), 주문 일자(order_date) 컬럼을 활용하라.)

```
SELECT ROUND(COUNT(DISTINCT re.user_id) / COUNT(DISTINCT fst.user_id), 2)
        AS retentionRatio
    FROM
    (
```

```
        SELECT user_id
            FROM orders
            WHERE order_date BETWEEN '2015-12-01' AND '2015-12-31'
    ) fst
    LEFT JOIN
    (
        SELECT user_id
            FROM orders
            WHERE order_date BETWEEN '2016-01-01' AND '2016-01-31'
    ) re
    ON fst.user_id = re.user_id
    ;
```

**결과화면**

2015년 12월에 주문한 회원 중 2016년 1월에도 주문한 회원의 비율을 구했다. 리텐션이란 고객이 일정 기간 이후에도 제품이나 서비스를 이용하는지, 즉 고객 유지 정도를 측정하는 지표이다. 결괏값으로 나온 0.48은 2015년 12월에 주문한 회원 중 48%가 2016년 1월에도 주문했다는 의미이다.

2015년 12월 주문한 회원을 모집합으로, 2016년 1월 주문한 회원을 리텐션 대상 집합으로 두었다. 먼저 2015년 12월에 한 번 이상 주문한 회원의 정보를 서브 쿼리로 구하고, 기준이 되는 첫 구매라는 의미로 first의 준말 fst로 별칭을 지정했다. 그리고 이 중 2016년 1월에 한 번 이상 주문한 회원의 정보도 서브 쿼리로 작성하고 재구매라는 의미로 retention의 준말 re로 별칭을 지정한 뒤 두 데이터 결과 집합을 LEFT JOIN으로 결합했다. 즉, 모집합 서브 쿼리의 데이터는 모두 표시하고, 리텐션 서브 쿼리의 데이터는 모집합 서브 쿼리 데이터와 user_id가 일치하는 행만 가져왔다.

FROM에서 이를 테이블로 가져와서 2015년 12월에 주문한 회원 수와 2016년 1월에도 주문한 회원 수를 COUNT 함수로 각각 계산하여 리텐션 비율을 구하면 된다. ROUND 함수로 계산 결과를 소수점 둘째 자리까지 반올림하여 표시했다.

# SQL, 실무에서 어떻게 쓸까?

JOIN과 UNION, 서브 쿼리를 사용해 다양한 데이터를 추출한다.

## ■ 전자책 서비스에서 어떻게 쓸까?

1. 2022년 출간 도서 중 장르별 열람 횟수를 추출하고 많은 것부터 정렬한다.

```
SELECT B.장르, B.도서아이디, COUNT(U.도서아이디) AS 열람횟수
    FROM 도서성보 B LEFT JOIN 열람정보 U ON B.도서아이디 = U.도서아이디
    WHERE B.출간일자 BETWEEN '2022-01-01' AND '2022-12-31'
    GROUP BY B.장르, B.도서아이디
    ORDER BY 열람횟수 DESC ;
```

## ■ 배달 서비스에서 어떻게 쓸까?

1. 피자와 초밥 메뉴의 주문 건수와 매출액을 구해 하나의 테이블로 추출한다.

```
SELECT '피자' AS 메뉴, COUNT(*) AS 주문건수, SUM(가격) AS 매출
    FROM 주문정보 WHERE 메뉴아이디 = 1
UNION ALL
SELECT '초밥' AS 메뉴, COUNT(*) AS 주문건수, SUM(가격) AS 매출
    FROM 주문정보 WHERE 메뉴아이디 = 2 ;
```

## ■ 차량 대여 서비스에서 어떻게 쓸까?

1. 2023년에 대여 횟수가 100회 미만인 차량 모델을 추출한다.

```
SELECT 차량아이디, 차량모델, 대여횟수
    FROM
    (
        SELECT 차량아이디, 차량모델, COUNT(*) AS 대여횟수
            FROM 예약정보
            WHERE 예약시작일자 BETWEEN '2023-01-01' AND '2023-12-31'
            GROUP BY 차량아이디, 차량모델
    ) AS 예약통계
    WHERE 대여횟수 < 100 ;
```

# 나가며

**5.1** SQL 실무에서 활용하기

# 5.1 SQL 실무에서 활용하기

## 5.1.1 가져오고 싶은 데이터 확인하기

### 스토리로 살펴보기

보험 회사에 재직 중인 신대리는 IT 직군은 아니지만 정산 업무에 매출 정보와 직원 정보가 필요하다. 하지만 어떤 데이터를 컴퓨터에 요청해야 할지 막막하기만 하다. SQL 쿼리를 실행하려면 영문으로 컬럼명을 작성해야 하는데, 이 컬럼이 내가 원하는 정보인지 확신이 들지 않기 때문이다. 원하는 정보를 정확히 가져오려면 어떻게 해야 할까?

**데이터 의미와 스키마 파악하기**

이 책에서 배운 문법을 가지고 본격적으로 데이터를 추출하기에 앞서 원하는 데이터가 정확히 무엇이고 어디에 있는지 확인하는 것이 중요하다. 비슷하지만 조건이 조금씩 다른 데이터가 여러 컬럼에 걸쳐 저장되어 있고, 데이터를 직접 관리하지 않으면 컬럼명을 구분하기도 어렵다. 가령, 매출 정보를 가져오려고 하는데, 할인 전 매출과 세전 매출 등 여러 조건에 따라 컬럼이 나뉘어 있으면 데이터를 잘못 가져올 수도 있다.

원하는 데이터를 정확히 구분하려면 데이터를 생성하고 관리하는 부서에 문의하는 것이 가장 좋다. 데이터의 이름과 값을 생성하는 규칙은 온전히 데이터를 생성하고 관리하는 작업자에게 달려 있기 때문이다. 그러니 문의를 주저하지 말자. 데이터가 어떻게 생성되었는지, 그리고 내게 필요한 데이터의 이름, 즉 컬럼명은 무엇인지, 데이터의 타입은 무엇인지 등 추출과 분석에 앞서 데이터 관리자에게 히스토리를 확인하자.

실무에서 데이터를 추출할 때마다 데이터 관리자에게 문의하기 어려울 수도 있다. 그럴 땐 데이터 스키마(schema)[1]를 공유해 달라고 하는 것도 좋은 방법이다. 데이터 스키마는 데이터를 한 눈에 볼 수 있는 지도라고 할 수 있는데, 자주 사용하는 데이터에 한해서는 가지고 있으면 좋다.[2] 가장 좋은 환경은, 이미 스키마가 공유되어 다른 사람의 도움 없이 문서만으로도 의미를 파악할 수 있는 환경이다. 스키마는 변경될 수도 있으므로 변경 내역이 반영되는 웹 페이지 등으로 공유를 부탁해 보자.

그런데 이 방법이 항상 유효한 것은 아니다. 때로는 히스토리를 관리하는 담당자가 변경되어 이력 관리가 잘 이루어지지 않을 수도 있고, 기업의 규모에 따라 별도의 데이터 팀이 없을 수도 있기 때문이다. 이 경우에는 데이터 관리 팀이 아니더라도 관련 영역을 개발하는 부서(백엔드 팀 등)에 문의해야 할 것이다.

데이터 관련 부서에 지원 요청을 하는 동시에, 데이터를 직접 보면서 파악할 수도 있다. 컬럼명은 데이터가 생성될 당시의 설명을 담고 있는 경우가 많다. 믿을 수 있는 샘플 데이터를 하나 정하고 각 컬럼에 어떤 값이 있는지 확인하면서, 컬럼명이 내가 이해한 것과 같은 의미인지 확인해 보자. 믿을 수 있는 샘플에는 여러 가지가 있는데, IT 서비스에서는 내가 직접 발생시킨 데이터가 이에 해당한다. 직접 서비스에 가입해서 구매를 해 보면 내 회원 아이디로 데이터를 조회하여 컬럼 값을 확인할 수 있다. 가령, 내 회원 아이디로 구매한 시점을 기억하여 데이터상의 구매 시점과 비교해 볼 수도 있고, 할인 받아 결제한 금액과 일치하는 컬럼을 찾으면 할인 가격 컬럼의 이름을 정확히 알 수 있다. 도메인에 맞는 샘플을 알맞게 설정해서 데이터의 의미를 파악하자.

---

1  스키마는 데이터베이스에서 데이터 구조와 형식, 관계, 제약 조건에 대한 전반적인 정의를 담은 일종의 설계도이다.
2  또는 각 테이블의 DDL(Data Definition Language) 문을 확인하는 방법을 요청하자.

## 5.1.2 믿을 수 있는 숫자 확보하기: 기준 수립과 검증의 중요성

Getting numbers is easy;
Getting numbers you can trust is hard.[3]

데이터를 가지고 숫자를 계산하는 일은 상대적으로 간단하지만, 그렇게 얻은 숫자가 정확하고 신뢰할 수 있는지 확인하는 일은 어렵다. 하지만 데이터가 정확하지 않고, 신뢰할 수 없다면 잘못된 의사 결정으로 이어질 수 있으므로 데이터를 다룰 때 정확도와 신뢰도를 반드시 확인해야 한다.

이 책의 독자라면 SQL을 이용해 데이터를 비즈니스 측면에서 활용하는 데 관심이 많을 것이다. 데이터를 비즈니스 목적으로 활용하려면 명확하고 일관된 지표를 설정하는 것이 중요하다. 실제 기업에서는 목적이 같아도 데이터를 분석하는 사람, 시점이나 환경에 따라 지표가 달라지는 일이 자주 발생한다. 각기 다른 지표로 추출한 데이터로 도출한 인사이트는 잘못된 의사 결정으로 이어지므로 SQL 쿼리를 작성하기 전에 기준을 명확히 수립해야 한다.

### 일관된 숫자를 위해: 지표에 대한 기준 수립

실습 데이터의 지표 중 하나인 회원 수를 한번 떠올려 보자. 실제 비즈니스 환경에서 회원 수를 추출한다면 누군가는 전체 컬럼을 추출하는 COUNT(*) 함수를 쓰고, 누군가는 COUNT(DISTINCT id) 함수를 쓸 수도 있다. 또한 누군가는 연락처를 기입하지 않아 null 값인 회원은 유효하지 않은 회원으로 간주하는 반면, 누군가는 연락처 정보가 없는 회원도 모두 회원 수에 포함한다. 이렇게 되면 조직 내에서 지표를 같은 명칭으로 부르지만 각자 다른 기준으로 바라보는 상황이 발생할 것이다.

지표를 명확히 정의하지 않으면 작업자가 달라질 때마다 지표의 기준이 달라질 수 있다. 앞서 회원 수를 예시로 들었지만 실제 비즈니스 환경에서 다루

---

3 "숫자를 얻는 것은 쉽지만, 신뢰할 수 있는 숫자를 얻는 것은 어렵다." Ron Kohavi, Trustworthy Online Controlled Experiments: A Practical Guide to A/B Testing, Cambridge University Press, 2020. 번역서는 《A/B 테스트》(에이콘출판사, 2022)

는 지표는 실습 데이터보다 훨씬 다양하다. IT 서비스 회사를 예로 들어 보면 간단한 수치 지표뿐 아니라 서비스 체류 시간, 재방문율 등 다양한 지표가 있다. 따라서 지표를 외부에 공개하기 전에 추출 기준을 정의하고 이를 일관되게 관리하는 것이 쿼리를 잘 작성하는 것만큼이나 중요하다.

### 다 쓴 쿼리도 다시 보자: 검증의 중요성

실행 가능한 쿼리를 작성하는 것은 추출하는 숫자의 신뢰도를 보장하지 않는다. 쿼리가 실행된다는 것은 단지 SQL 문법에 맞게 코드를 작성했다는 뜻이다. 결국 지표는 사람의 주관적인 해석과 의도가 개입되므로 추출한 숫자가 원하는 지표에 부합하는지는 사람이 최종적으로 체크해야 한다.

이때 필터링을 잘못하여 필요한 데이터가 의도치 않게 걸러지지는 않았는지, 반대로 원하지 않는 데이터가 포함되진 않았는지 체크해야 한다. 또한 쿼리가 복잡해질수록 다양한 조건으로 데이터를 결합하는데, 두 테이블을 조인할 때는 목적에 맞는 적절한 조건을 설정했는지 다시 한 번 살펴보는 습관이 필요하다.

쿼리가 올바르게 실행됐는지 결과를 검증할 때는 전체적인 부분을 먼저 보고 점차 세부적인 부분을 확인하는 것이 좋다. 전체적으로 보았을 때 주요 컬럼이 무엇인지 확인하고, 이 컬럼을 기준으로 그룹화하자. GROUP BY로 그룹화하면 전체 데이터를 누락이나 중복 없이 나눌 수 있어 분포를 파악하기 쉽다. ORDER BY로 적절히 정렬하면 데이터의 패턴이나 이상치를 더 쉽게 식별할 수 있다.

일별 혹은 월별 등 시계열로 제공되는 지표는 검증 시 변곡점에 집중해야 한다. 대부분의 지표는 큰 변화가 없는 한 어느 정도 일관성을 띠는 경향이 있다. 그런데 지표의 흐름이 눈에 띄게 변했을 때는 실제로 의미 있는 현상이 일어났거나 지표 계산 과정에서 어떤 기술적인 문제가 발생한 것이다. 변곡점이 발생한 시점에 서비스를 둘러싼 변동 사항은 없었는지 체크해 보자. 만약 모바일 서비스라면 애플리케이션의 버전이 바뀌진 않았는지 혹은 플랫폼의 정책 변화는 없었는지 등 구성 사항 변동에 늘 관심을 두어야 한다.

쿼리를 더 정확하게 작성하고, 데이터를 더 정확하게 해석하기 위해서는 데이터의 발생 기준을 확인해야 한다. 예를 들어 일별 매출을 계산할 때 정확한 결제 일시를 확인하려면 일시 데이터가 정확히 어느 시점에 발생하는지 알아야 한다. 사용자가 장바구니에 상품을 담았을 때 데이터가 발생하는지, 실제 결제를 완료했을 때 발생하는지 혹은 상품 배송 완료 후 구매 확정 버튼을 클릭한 경우에만 발생하는지 등 결제라고 볼 수 있는 시점[4]에도 여러 기준이 있기 때문이다. 따라서 내부 기술 팀과 커뮤니케이션을 통해 지표를 구성하는 원천 데이터의 발생 기준을 정확히 알아 두어야 한다.

쿼리와 데이터 검증이 어려운 이유는 검증이 기술의 영역이 아닌 습관과 태도의 영역이기 때문이다. 검증은 어떤 기술을 필요로 하지는 않지만, 매번 사용하는 데이터와 쿼리문의 로직을 확인하는 습관을 필요로 한다. 작성한 쿼리가 의도한 결괏값을 출력하고 있는지, 여러 측면에서 확인해 보기를 바란다.

### 5.1.3 더 나아가기

이제 실제 환경에서 쿼리를 작성하기 위한 준비를 어느 정도 마쳤다. 감을 잃지 않고 실력을 높이고 싶은 독자에게 도움이 될 만한 방법을 몇 가지 소개한다.

**실제 환경에 접근하기: 사내 환경 활용**

SQL 실전 감각을 익히기에 가장 좋은 방법은 실제 운영 환경에서 실제 데이터로 쿼리를 작성해 보는 것이다. 이는 현직자가 가진 특권 중 하나이다. 특히 SQL은 다른 언어보다 라이브 데이터가 있을 때 그 가치가 발휘되기 때문이다.

데이터의 중요성이 널리 알려지기 시작하고, 많은 기업에서 비개발 직군에도 쿼리가 가능한 환경을 제공하는 추세이다. 현직자라면 재직 중인 회사에 이런 환경이 조성되어 있는지 확인해 보고, 주어진 환경을 최대한 활용하면 좋다. 재직 중인 회사의 데이터만큼 익숙한 도메인은 없기 때문이다. 데이터베이스에 접근할 때 실제 데이터는 바꾸지 않고 조회만 할 수 있는 뷰(view) 권한이

---

4  같은 컬럼이라도 시간 기준이 UTC인지 KST인지에 따라 데이터가 달라진다.

주어지기도 한다. 이는 데이터를 잘못 만져도 문제가 발생하지 않게 하는 안전 장치다. 회사에 데이터 담당자가 있다면 담당자에게 데이터를 요청할 때 데이터 추출 쿼리를 어떻게 작성했는지 함께 문의해서 전문가의 방식을 따라 해도 좋다.

물론 모든 기업에서 비개발 직군에 데이터 접근 권한을 허용하지는 않는다. 라이브 데이터베이스는 서비스 사용자의 트래픽도 소화해야 하므로, 자칫 쿼리를 잘못 날리면 운영 중인 서비스에 영향을 미칠 수도 있기 때문이다. 이런 이유로 데이터베이스 관리자가 아닌 사람에게 운영 데이터베이스 권한을 부여하는 데 매우 조심스럽다. 운영 데이터베이스에 접근하기 어렵다면 분석만을 위한 데이터베이스 환경이 따로 마련되어 있는지, 아니라면 이런 환경을 구성할 수 있는지 등 하나하나 관계자와 커뮤니케이션해야 한다. 시작은 어렵겠지만 데이터로 얻을 수 있는 가치를 강조하며 설득한다면 실제 데이터에 접근하는 환경을 하나씩 확보할 수 있을 것이다.

### 온라인 SQL 코딩 테스트 연습하기

문제를 더 풀어보며 실전 감각을 기르고 싶다면 SQL 코딩 테스트에 도전해 보기를 추천한다. 코딩 테스트는 많은 기업에서 채용 과정에 활용하는, 제한된 환경에서 프로그래밍 능력을 평가하는 테스트다. 다른 언어와 마찬가지로 SQL 쿼리 작성 능력을 평가하는 SQL 코딩 테스트도 있는데, SQL 코딩 테스트를 연습할 수 있는 사이트로는 해외 서비스인 해커랭크, 리트코드와 국내 서비스인 프로그래머스 등이 있다. 각 사이트 중 본인에게 잘 맞는 사이트를 골라서 실전 연습을 해 보자.

최근에는 취업이나 이직 시 데이터 직군뿐 아니라 기획, 마케팅, 영업에 이르는 다양한 직군에서 SQL 역량을 요구하며 SQL 코딩 테스트를 실시하는 기업도 점차 늘고 있다. 물론 취업이나 이직을 준비하지 않는 현직자라도 SQL 코딩 테스트 문제로 실력을 높일 수 있다. 다양한 데이터를 접하고, 문제에서 제시하는 요구 사항을 해석하고, SQL로 구현하는 경험을 통해 데이터 역량을 한층 끌어올릴 수 있다.

- 해커랭크

해커랭크(HackerRank)는 SQL을 비롯해 다양한 프로그래밍 언어의 코딩 테스트 문제를 제공하는 사이트이다. 국내 기업 중에는 카카오에서 해커랭크를 코딩 테스트 플랫폼으로 활용하는 것으로 알려져 있다. 다양한 난이도와 유형의 문제가 있는데, 이를 풀어 보면서 SQL 실력을 키울 뿐만 아니라 원하는 기업의 입사 시험도 자연스럽게 준비할 수 있다. 사이트에 접속하면 별도의 설치 없이 온라인 환경에서 SQL 코딩 테스트 문제를 풀어볼 수 있다. 해커랭크는 해외 서비스이기 때문에 문제는 영어로 제공된다.

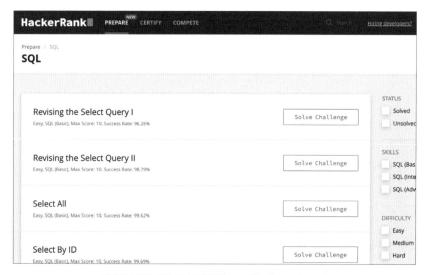

해커랭크 SQL 문제 리스트 화면(https://hackerrank.com)

- 리트코드

리트코드(LeetCode)도 마찬가지로 SQL 코딩 테스트를 제공하는 해외 기반 온라인 플랫폼이다. 리트코드에서도 다양한 난이도와 유형의 문제를 만나볼 수 있다.

사이트에 접속하면 별도의 설치 없이 온라인 환경에서 SQL 코딩 테스트를 시작할 수 있다. 실제 기업의 입사 시험과 유사하게 구성되어 있어 실전 연습에 큰 도움이 된다. 또한 리트코드는 SQL 코딩 테스트 외에도 다양한 알고리즘 문제를 제공하므로 프로그래밍에 관심이 있다면 도전해 보자.

리트코드는 무료 회원과 유료 회원으로 나뉘는데, 유료 회원은 더 많은 문제와 추가 기능을 이용할 수 있다. 또한 리트코드는 문제에 대한 해설과 토론 기능이 있어, 문제를 풀고난 뒤에 풀이를 점검할 수 있다. 해커랭크와 마찬가지로 해외 서비스이기 때문에 문제는 영어로 되어 있다.

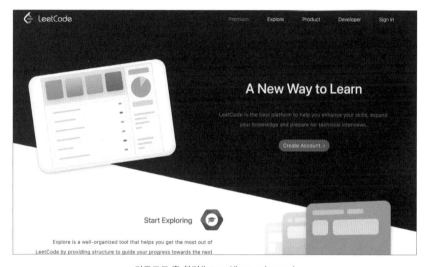

리트코드 홈 화면(https://leetcode.com)

- 프로그래머스

프로그래머스(programmers)는 국내 사이트로 한국어로 되어 있다. 프로그래머스는 코딩 테스트, 알고리즘 학습을 위한 IT 전문 교육 플랫폼으로 다양한 기업의 입사 시험에서도 활용되는 검증된 코딩 테스트를 제공한다.

프로그래머스에서는 코딩 테스트에 필요한 기본 개념부터 응용 문제까지 학습할 수 있다.[5] 또한 테스트 케이스로 풀이 결과를 즉시 확인할 수 있어

---

5   2023년 7월 기준 76개의 SQL 코딩 테스트 문제를 레벨 1~5의 난이도로 나누어 제공한다.

효율적이다. 프로그래머스는 국내의 다양한 기업의 입사 시험에 가까운 환경을 제공하고 있어 실전 대비에 매우 유용하다.

프로그래머스 홈 화면(https://programmers.co.kr)

- W3Schools

  온라인 교육 사이트 W3Schools는 별도의 코딩 테스트 환경을 제공하지는 않지만, 프로그래밍 언어를 온라인에서 실행해 볼 수 있는 모의 환경을 제공한다. 따라서 SQL 쿼리를 연습하기에 좋다.

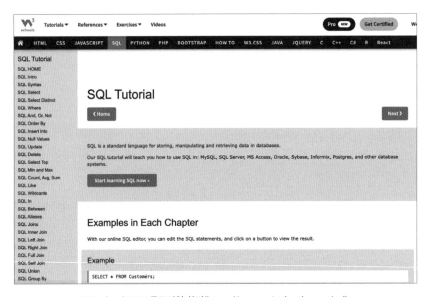

W3Schools SQL 튜토리얼 화면(https://www.w3schools.com/sql)

# 에필로그

이 책의 SQL 이야기는 이제 마무리되었습니다. 잘 따라와 주셔서 정말 감사합니다. 책을 마치기 전에 제가 SQL을 시작하던 시절 이야기를 조금 드려 볼까 합니다.

SQL을 처음 접한 건 2015년 대학교를 휴학하고 강남역 부근의 자은 오피스텔에서 스타트업 기획자로 근무하던 시절이었습니다. 당시 인턴이었지만 다섯 명 남짓 되는 작은 팀에서 일하다 보니 기획과 마케팅을 가리지 않고 많은 업무를 맡았고 실제 비용 집행까지 책임져야 했습니다. 일을 하다 보니 항상 '지금 어떤 액션을 취해야 가장 효과가 좋을까?'를 고민했습니다. 작은 팀이라 사용할 수 있는 비용이 적었던 터라 효과가 좋은 것만 해도 모자랐으며, 효과가 없는 것이라면 아예 하지 않는 편이 좋았습니다.

당시 일하던 스타트업은 온라인으로 프리랜서와 업무를 매칭하는 사업을 했습니다. 고객이 방문하고 거래가 일어났지만 제 눈에는 아무것도 보이지 않았습니다. 밥 먹으러 가는 식당에서는 사람이 오고 가는 모습이 눈에 보이지만, 온라인 서비스에서는 보이지 않았습니다. 어떤 액션을 취했을 때 얼마나 많은 고객이 들어오는지, 들어와서 의도대로 움직이는지 확인할 방법이 필요했습니다.

기록된 데이터에서 어떤 숫자를 봐야 할지 고민이 되어 처음에는 옆자리 개발자 형들에게 찾아가 부탁했습니다. "여기 이 숫자 좀 뽑아 주세요." 간단한 숫자는 금방 받을 수 있을 줄 알았으나 2~3일 뒤에나 받아 보는 일이 허다했습니다. '개발자 형들은 다른 걸 개발하기 바빠 내가 부탁한 일에 집중할 시간이 별로 없어 보이는걸.' 그때 제 머릿속에는 '내가 직접 숫자를 확인할 수 없을까?' 하는 생각이 스쳐갔고, 개발자 형들에게 방법을 물어봤습니다. 그때 SQL을 처음 알게 되었습니다.

Sequel Pro라는 프로그램을 설치하고 개발자 형들이 준 코드를 복사해서 붙여 넣고 조건을 하나씩 바꿔 봤습니다. 엑셀로만 보던 정보가 화면에 바로 표시되는 것을 보니 너무 신기했습니다. 퇴근 시간이 지났는데도 회사에 남아 계속 쿼리를 돌렸습니다. 멈추기에는 너무 재미있었습니다. 이런저런 데이터를 추출하려고 인터넷에서 찾아보고 적용하던 것이 SQL 학습의 시작이었습니다.

앞서 보았듯이 SQL은 다른 프로그래밍 언어와 비교하면 그리 화려한 기술은 아닙니다. 멋진 화면을 만드는 기술도, 복잡한 알고리즘이나 모델을 만드는 기술도 아니니까요.

하지만 SQL은 데이터를 다루는 아주 기본적이지만 핵심적인 기술을 모두 담은 언어입니다. 행과 열이라는 형태를 가진 데이터를 다루는 개념은 어떤 언어에든 녹아 있어 SQL을 일단 학습해 두면, 나중에 어떤 언어로 데이터를 다루더라도 기본기가 될 것입니다. 또한, 변화가 상대적으로 적은 데이터베이스 생태계에서 SQL은 오래도록 사랑받고 있는 언어인 만큼, 한 번 익혀 두면 오랫동안 사용할 수 있는 필살기가 될 것입니다.

2015년에 처음 SQL을 시작하고 어느새 시간이 훌쩍 지났지만, 여전히 그때 익힌 지식은 여전히 제 커리어에 기반이 되고 있습니다. 독자 여러분도 이 책을 따라가며 당시 제가 느낀 재미를 함께 느끼시길, 향후 커리어를 다질 하나의 무기를 장착하시길 바라겠습니다.

마지막으로 이 자리를 빌려, SQL 지식을 책이라는 형태로 전달할 기회를 주신 도서출판 인사이트의 모든 관계자 분께 깊은 감사를 전합니다. 책 한 권을 만드는 데 이렇게 많은 사람의 관심과 수고가 들어가는지 이제 알게 되었습니다. 특히 원고가 완성되기까지 더 나은 도서를 만들기 위해 함께 고민하고, 세심하게 내용을 검토해 주신 편집자님께 진심으로 감사드립니다. 이 책이 데이터에 관심 있는 모든 사람에게 도움이 되길 바랍니다.

# 찾아보기